TRAITÉ D'ÉQUITATION

PARIS, DELARUE LIBRAIRE ÉDITEUR

TRAITÉ

D'ÉQUITATION

SCEAUX. — IMP. CHARAIRE ET FILS.

NOM ET SITUATION DES PARTIES EXTÉRIEURES DU CHEVAL

P. PINOENET

TRAITÉ
D'ÉQUITATION

CONTENANT

L'ART DE MONTER A CHEVAL

LES PREMIERS PRINCIPES POUR CONNAITRE DRESSER ET GOUVERNER

LES CHEVAUX

D'APRÈS

DE LA GUERINIÈRE

PARIS

DELARUE, LIBRAIRE-ÉDITEUR,

3, RUE DES GRANDS-AUGUSTINS, 3

TRAITÉ D'ÉQUITATION

CHAPITRE PREMIER

DU NOM ET DE LA SITUATION DES PARTIES EXTÉRIEURES DU CHEVAL.

Pour faciliter la connaissance du cheval, je le divise en trois parties principales ; savoir : l'avant-main, le corps et l'arrière-main.

Les parties qui composent l'avant-main, sont : la tête, l'encolure, le garrot, les épaules, le poitrail ou la poitrine, et les jambes de devant.

Les parties du corps sont : les reins, les rognons, les côtés, les côtes, le ventre et les flancs.

Celles de l'arrière-main sont : la croupe, les hanches, la queue, les fesses, le grasset, les cuisses, le jarret et les jambes de derrière.

ARTICLE PREMIER

De la situation et de la division particulière des parties de l'avant-main.

La première partie de l'avant-main est la tête, qui a une division particulière, étant composée des oreilles, du front, des tempes, des salières, des sourcils, des paupières, des yeux, de la ganache et de la bouche.

De toutes ces parties, je ne donnerai la définition que de la ganache et de la bouche, parce que les autres sont assez connues.

La GANACHE est une partie composée de deux os de mâchoire inférieure qui touchent le gosier. Cette partie est mouvante, et sert à mâcher les aliments.

La BOUCHE a ses parties extérieures et ses parties intérieures.

Les parties extérieures sont : les lèvres, les naseaux, le bout du nez, le menton et la barbe, qui est l'endroit où porte la gourmette.

Les parties intérieures de la bouche sont : la langue, le canal, le palais, les barres et les dents.

Le CANAL est le creux de la mâchoire inférieure, où est située la langue.

Les BARRES sont l'endroit de la bouche où il n'y a jamais de dents, et où se doit faire l'appui du mors.

Les DENTS ont aussi une division particulière, par laquelle on connaît l'âge du cheval; mais on ne parlera de cette division, que dans le chapitre troisième.

L'ENCOLURE où est attachée la tête, est la seconde partie principale de l'avant-main. Elle est bordée, dans sa partie supérieure, par le crin ou la crinière, et elle se termine au garrot.

Le CRIN, qui tombe sur le front entre les deux oreilles, et qui fait partie de la crinière, s'appelle TOUPET.

Le GOSIER est la partie inférieure de l'encolure. Il commence entre les deux os de la ganache, et finit à la partie supérieure et antérieure du poitrail.

Le GARROT est placé à l'extrémité de la crinière, et au haut des épaules.

Les ÉPAULES commencent au garrot, et finissent au haut du bras.

Le POITRAIL est la partie antérieure de la poitrine, contenue entre les deux épaules : laquelle commence au bas du gosier, et finit entre les deux bras.

Les JAMBES DE DEVANT sont attachées aux épaules, et ont encore une division particulière, étant composées du bras, du coude, de l'ars, du genou, du canon, du nerf, du boulet, du pâturon, de la couronne et du pied.

Le BRAS est cette partie supérieure de la jambe, qui est depuis l'épaule jusqu'au genou.

Le COUDE est l'os du haut de la jambe, qui est situé entre les côtes.

L'ARS est une veine apparente, située au-devant et au-dedans du bras.

Tous les chevaux ont au-dessus du genou, en dedans, une espèce de corne tendre, sans poil, qu'on appelle *châteignes*, plus ou moins grosses, mais toujours apparentes. Elles se trouvent également aux jambes de derrière, avec cette différence cependant, qu'à celles-ci, elles sont placées au-dessous des jarrets aussi en dedans.

Le GENOU est la jointure du milieu de la jambe, qui assemble le bras avec le canon.

Le CANON est la partie de la jambe qui commence au genou, et finit au boulet.

Derrière le canon, il y a un tendon, qu'on appelle communément le nerf de la jambe, qui règne tout du long, et dont la qualité contribue beaucoup à la bonté de la jambe, comme nous le dirons ci-après.

Le BOULET est la jointure du canon avec le pâturon.

Derrière chaque boulet, tant aux jambes de devant qu'à celles de derrière, il y a un toupet de poil qu'on appelle FANON, au milieu duquel il y a une espèce de corne tendre, qu'on nomme ERGOT.

Le PATURON est la partie située entre le boulet et la couronne.

La COURONNE est le poil qui couvre et entoure le haut du sabot.

Le PIED, qui est la dernière partie de le jambe, est divisé en parties supérieures et inférieures.

Les parties supérieures sont : le sabot, les quartiers, la pince et le talon.

Le SABOT est toute la corne qui règne autour du pied.

Les QUARTIERS sont les deux côtés du sabot, depuis la pince jusqu'au talon. On dit quartier de dedans et quartier de dehors.

La PINCE est le bout de la corne qui est au-devant du pied.

Le TALON est la partie de derrière du pied, où se terminent les quartiers, à l'opposite de la pince.

Les parties inférieures du pied sont : la fourchette, la sole et le petit-pied.

La FOURCHETTE est une corne tendre et molle, placée dans la creux du pied, qui se partage en deux branches vers le talon, en forme de fourche, d'où lui vient le nom de fourchette.

La SOLE est l'espèce de corne que l'on voit dans le creux du pied, entre les quartiers et la fourchette. C'est une corne plus dure que celle de la fourchette, et plus tendre que celle du sabot.

Le PETIT-PIED est un os spongieux, renfermé dans le milieu du sabot, entouré d'une chair qui lui sert de nourriture. Il n'est point visible, même quand le cheval est dessolé.

ARTICLE II.

De la situation des parties du corps.

Les REINS sont la partie supérieure du corps du cheval. Ils prennent depuis le garrot jusqu'à la croupe; mais ce nom n'appartient proprement qu'à l'extrémité de l'épine la plus voisine de la croupe, qu'on a appelée jusqu'à présent, *rognons*; mais comme l'usage a donné à cette partie le nom de *reins*, nous en conserverons la dénomination.

Les ROGNONS sont proprement les reins; et c'est la partie de l'épine du dos qui est la plus proche de la croupe.

Les COTÉS sont le tour des côtes, qui renferment les parties internes contenues dans le ventre du cheval.

Le VENTRE est la partie inférieure du corps, située en bas des côtes.

Les FLANCS sont placés depuis la dernière côte jusqu'à l'os des hanches, vis-à-vis du grasset, dont la définition est dans l'article suivant.

ARTICLE III.

De la situation des parties de l'arrière-main.

La CROUPE est la partie supérieure de l'arrière-main, qui va en rond depuis les rognons jusqu'à la queue.

Les FESSES prennent depuis la queue, en descendant, jusqu'au pli qui est à l'opposite du grasset.

Les HANCHES sont les deux côtés de la croupe. Elles prennent depuis les deux os qui sont au haut des flancs jusqu'au grasset. On appelle aussi vulgairement les hanches, tout le train de derrière, ou l'arrière-main.

Le GRASSET est la jointure placée au bas de la hanche, vis-à-vis des flancs, à l'endroit où commence la cuisse. C'est cette partie qui avance près du ventre du cheval, quand il marche.

Les CUISSES prennent depuis le grasset, qui en fait partie, et depuis l'endroit où finissent les fesses, jusqu'au pli du jarret.

Le JARRET est la jointure qui assemble le bas de la cuisse avec le canon de la jambe de derrière.

Les JAMBES DE DERRIÈRE étant semblables aux jambes de devant, dans les autres parties, il n'est pas nécessaire de rapporter ici ce qui en a été dit.

Dans les définitions que l'on vient de donner, on a négligé de parler de la situation de quelques parties du cheval, parce qu'elles sont si généralement connues, et que le détail en eût été inutile.

CHAPITRE II

DE LA BRIDE.

Avant que d'expliquer les effets de la bride, nous commencerons par détailler toutes les parties dont elle est composée :

Je dirai premièrement que, quoique les termes de mors, d'embouchure et de bride soient synonymes, suivant l'usage, il n'y a, à proprement parler, que celui de bride qui soit générique ; car le mors ou l'embouchure regarde particulièrement la partie qui est dans la bouche.

La bride est composée de trois parties principales ; savoir, le mors ou l'embouchure, qui se place dans la bouche du cheval, la branche qui est attachée aux deux extrémités de l'embouchure, et la gourmette qui fait son effet sur la barbe.

ARTICLE PREMIER

Du mors.

Le mors ou l'embouchure est un morceau de fer arrondi qui se met dans la bouche du cheval : on l'appelle communément *canon*. Les deux extrémités du canon, où sont attachées les branches, se nomment *fonceaux*, et la partie située entre les fonceaux et le milieu du canon, s'appelle le *talon*.

On se servait autrefois de plusieurs sortes de canons, dont la structure était aussi singulière que dangereuse pour la bouche du cheval ; mais on en admet présentement que trois, ou au plus quatre, qui sont le simple canon, le canon à trompe ou à canne, le canon à liberté de langue, et le pas d'âne.

Le simple canon est composé de deux pièces, parce qu'il est brisé dans le milieu, ce qui lui donne plus de jeu. C'est aussi la plus douce de toutes les embouchures, et celle qui contraint moins la bouche du cheval.

Le canon à trompe ou à canne n'est point brisé dans le milieu, et n'est composé que d'une seule pièce; ce qui le rend plus rude que le simple canon.

Le canon à liberté de langue, est celui au milieu duquel il y a un espace de vide pour loger la langue du cheval. Cette liberté donne, selon sa forme, plusieurs dénominations au mors, comme *gorge de pigeon*, et *canon montant*.

On appelle *canon à gorge de pigeon*, celui dont l'espace vide et relevé, qui est au milieu du canon, va en diminuant par en haut. Il y a des gorges de pigeon brisées et non brisées; et lorsque la liberté est encore plus haute que celle du canon à gorge de pigeon ordinaire, on l'appelle *canon montant*. Le montant de ces embouchures se proportionne à l'épaisseur de la langue.

ARTICLE II

De la branche.

La branche, dont le propre est de faire agir l'embouchure à laquelle elle est attachée par les fonceaux, est composée du banquet, de l'arc du banquet, de la soubarbe, du coude, du jarret, du bas de la branche, du touret, des anneaux et des chaînettes.

Le banquet est la partie du haut de la branche;

il est aussi composé des deux autres parties, qu'on appelle l'*œil du banquet* et de l'*arc du banquet*.

L'œil du banquet est le trou d'en haut de la branche où passe le porte-mors, et où est aussi attachée la gourmette.

L'arc du banquet est cette partie en forme d'arc, dans laquelle entrent les deux extrémités de l'embouchure. Cette partie est cachée par les bossettes, lesquelles bossettes s'attachent par les deux oreilles qui en font les deux extremités ; savoir, l'oreille d'en haut attachée au-dessous de l'œil du banquet, et l'oreille d'en bas sur la partie qu'on appelle *soubarbe*.

Le coude est l'endroit au-dessous de l'arc du banquet qui prend un tour circulaire en forme d'S. Les branches droites, qu'on appelle aussi *branches à pistolet* ou *buades*, n'ont point de coude.

Le jarret est le milieu de la branche au-dessous du coude.

Le bas de la branche est l'espace vide qui se trouve au-dessous du jarret et au-dessus du touret.

Le touret est un clou arrêté dans la partie du bas de la branche par une grosse tête, et recourbé par la pointe pour tenir l'anneau dans lequel on passe les rènes.

Les deux chaînettes sont attachées aux deux branches chacune par deux petits tourets.

ARTICLE III

De la gourmette.

La gourmette est une chaîne composée de mailles, de maillons, d'une S, et d'un crochet.

Les mailles qui forment la chaîne de la gourmette, doivent être plus grosses et plus renflées dans son milieu qu'à ses extrémités.

Les maillons sont les petites mailles qui accompagnent les grosses mailles allant vers les extrémités, dont deux du côté du crochet, et une du côté de l'S.

L'S est la partie de la gourmette qui tient à un maillon plat et soudé, et qui est attaché à l'œil droit du banquet.

Le crochet est la partie qui tient à l'œil gauche du banquet du côté du montoir, qui sert à mettre la gourmette, et qui entre dans l'un des deux maillons plats et soudés qui sont de ce côté.

CHAPITRE III

DE LA SELLE.

Une selle mal ordonnée cause souvent des blessures si longues et si dangereuses à un cheval, qu'il est absolument nécessaire qu'un cavalier en connaisse toutes les parties, afin de pouvoir la faire construire de manière qu'elle ne cause pas d'accident, et de savoir apporter remède à ceux qui arrivent quelquefois, malgré les précautions qu'on a prises.

La connaissance des différentes sortes de selles et de leur usage, ne lui est pas moins nécessaire.

ARTICLE PREMIER

Des parties de la selle.

La selle est composée des arçons, des bandes, des battes, du pommeau, du garrot ou de l'arcade, du siège, des panneaux, des quartiers et des contre-sanglons.

Les appartenances de la selle sont le poitrail, les sangles, le surfaix, les porte-étriers et la croupière.

Des arçons.

Les arçons sont deux pièces de bois de hêtre, tournées en rond pour embrasser le dos du cheval, donner la forme à une selle et la tenir en état. Il y a l'arçon de devant et l'arçon de derrière.

L'arçon de devant est composée du garrot ou de l'arcade, des lièges, des mamelles et des pointes.

Le GARROT ou l'arcade, est la partie de l'arçon de devant qui est au-dessus du garrot du cheval.

Le POMMEAU est attaché au haut du garrot.

Les MAMELLES sont les parties de chaque côté de l'arçon qui s'appliquent au défaut des épaules, au-dessous du garrot, dans l'endroit où finit l'arcade de l'arçon.

Les POINTES sont les extrémités de chaque côté des arçons tant de devant que de derrière.

Les LIÈGES sont des morceaux de bois plats et élevés au-dessus de chaque arçon de devant, sur lesquels on chausse les battes.

L'arçon de derrière est différent de celui de de

vant, en ce qu'il est d'une tournure plus large et
plus ronde. Il y a sur la partie supérieure une pièce
de bois élevée qui accompagne la rondeur du haut
de l'arçon, qu'on appelle *troussequin*, et qui sert à
assurer les battes de derrière.

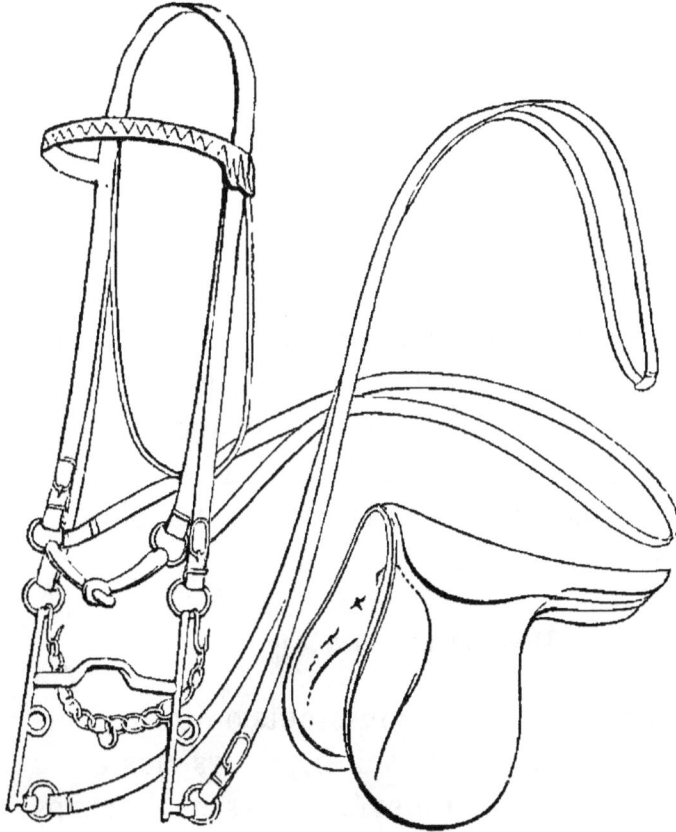

Des bandes.

Les bandes sont deux pièces de bois plates et
larges d'environ trois doigts, qui sont clouées et
attachées à chaque côté des arçons, pour tenir
et arrêter l'arçon de devant avec celui de derrière :
ces bandes doivent porter également le long du dos
du cheval, au-dessous de l'épine, afin d'empêcher

l'arçon de devant de porter sur le garrot, et celui
de derrière sur les rognons.

Les bandes se faisaient autrefois de fer, comme
on le pratique encore en province ; mais elles se
plient et blessent le cheval, soit par le poids du cavalier, ou quelque autre accident ; ce qui n'arrive
point aux bandes de bois, à moins qu'elles ne se
cassent. Il est aisé de s'en apercevoir.

Des battes.

On appelle *battes*, les parties qui sont élevées au-
dessus de chaque arçon, c'est-à-dire sur les lièges
de l'arçon de devant, et sur le troussequin de l'arçon
de derrière. Les battes servent à tenir un cavalier
plus ferme dans la selle : elles sont beaucoup plus
élevées aux selles à piquer, qu'aux selles à la royale ;
et autrefois on les faisait beaucoup plus élevées
qu'elles ne le sont à présent.

Des panneaux.

Les panneaux sont deux coussinets de toile rem-
plis de bourre, placés et attachés au-dessous de la
selle, pour la tenir un peu élevée au-dessus du corps
du cheval, afin que les arçons ne touchent pas au
garrot, aux rognons ou sur les côtes.

Du siège.

Le siège est l'endroit du haut de la selle où le
cavalier est assis. Autrefois le siège était fort
rembourré et creux dans le milieu : on le rembourre
peu présentement, et on le fait uni, parce qu'on s'est

aperçu que les sièges trop rembourrés et enfoncés dans le milieu, échauffaient et écorchaient les fesses du cavalier.

Des quartiers.

Les quartiers sont des pièces de cuir qui entourent les deux côtés de la selle, et empêchent la genouillère de la botte de porter contre le ventre du cheval, c'est pour cela qu'on les fait assez larges ; car, lorsqu'ils sont trop étroits, et qu'ils ne descendent pas assez bas, ils se retroussent par le mouvement du cheval, et font plier et baisser la genouillère, ce qui incommode le cavalier, et souvent lui écorche les jarrets et les genoux en appuyant contre la pointe des arçons de devant.

Des contre-sanglons.

On appelle contre-sanglons, de petites courroies qui sont clouées et attachées ferme aux arçons de devant et de derrière, et qui servent à attacher les angles. On en met deux à chaque côté des arçons. On les fait du meilleur cuir qu'on puisse trouver, c'est-à-dire de cuir de Hongrie, de peur qu'ils ne cassent.

A l'égard des sangles et du surfaix, du poitrail, de la croupière, des boucles et des ardillons, ce sont des parties si connues, que la définition en serait superflue.

CHAPITRE IV

DES TERMES DE L'ART.

Rien ne contribue davantage à la connaissance d'un art ou d'une science, que l'intelligence des termes qui lui sont propres. L'art de monter à cheval en a de particuliers ; c'est pourquoi j'ai cherché à en donner des définitions claires et précises.

Manège ; ce mot a deux significations ; savoir : le lieu où l'on exerce les chevaux, et l'exercice qu'on leur fait faire.

A l'égard des manèges où l'on exerce les chevaux, il y en a de couverts et de découverts. Un beau manège couvert doit être large de 35 à 36 pieds, et long de trois fois sa largeur.

Un manège découvert peut être plus large et plus long, suivant le terrain qu'on a à y employer : on l'entoure de barrières.

Le manège regardé comme l'exercice que l'on fait faire au cheval, est la manière de le dresser sur toutes sortes d'airs.

Air ; est la belle attitude que doit avoir un cheval dans ses différentes allures ; c'est aussi la cadence propre à chaque mouvement qu'il fait dans chaque allure, soit naturelle, ou artificielle, comme nous l'expliquerons dans la suite.

Changer de main, est l'action que fait un cheval avec les jambes, lorsqu'il change de pied, soit pour galoper sur le pied droit ou sur le pied gauche. Ce terme vient des anciens écuyers, qui nommaient les parties du corps du cheval, par préférence aux autres animaux, comme celles de l'homme ; et de même qu'on dit encore aujourd'hui, la bouche d'un cheval, le menton et le bras, ils appelaient aussi le pied d'un cheval la main ; ainsi changer de main, c'est changer de pied. Selon l'usage, on entend aussi par changement de main, la ligne ou la piste que décrit un cheval, en traversant le manège avant de faire ce changement de pied.

PISTE, est le chemin que décrivent les quatre pieds d'un cheval en marchant. Un cheval va d'une piste ou de deux pistes. Il va d'une piste, lorsqu'il marche droit sur une même ligne, et que les pieds de derrière suivent et marchent sur la ligne de ceux de devant. Il va de deux pistes, lorsqu'il va de côté ; et alors les pieds de derrière décrivent une autre ligne que ceux de devant : c'est ce qu'on appelle *fuir les talons*.

AIDES, sont les moyens dont le cavalier se sert pour faire aller son cheval, et le secourir : ces moyens consistent dans les différents mouvements de la main et des jambes.

AIDES FINES. On dit d'un homme de cheval qu'il a les aides fines, lorsque ses mouvements sont peu apparents, et qu'en gardant un juste équilibre, il aide son cheval, avec science, avec aisance et avec grâce, ce qu'on appelle aussi *aides secrètes*. On dit encore qu'un cheval a les aides fines, lorsqu'il obéit promptement, et avec facilité, au moindre mouvement de la main et des jambes du cavalier.

RENDRE LA MAIN, c'est le mouvement que l'on fait en baissant la main de la bride, soit pour adoucir, ou pour faire quitter le sentiment du mors sur les

barres. Il faut remarquer qu'on entend toujours
par la main de la bride, la main gauche du cavalier ;
car, quoiqu'on se serve quelquefois de la main
droite pour tirer la rêne droite, ce n'est alors qu'une
aide à la main gauche, qui reste toujours la main
de la bride.

S'ATTACHER A LA MAIN, c'est lorsqu'un cavalier a
la main rude, et qu'il la tient plus ferme qu'il ne
doit : c'est le plus grand défaut qu'on puisse avoir
à cheval ; car cette dureté de main gâte la bouche
d'un cheval, l'accoutume à se cabrer, et le met en
danger de se reverser, accident bien funeste, et
dont les suites sont quelquefois la mort du cavalier,
comme il est arrivé plus d'une fois.

TIRER A LA MAIN. Ce défaut regarde le cheval ;
c'est lorsque la bouche se raidit contre la main du
cavalier, en tirant et en levant le nez, par ignorance ou par désobéissance.

PESER A LA MAIN, c'est lorsque la tête du cheval
s'appuie sur le mors, et s'appesantit sur la main de
la bride, en sorte qu'on est obligé de porter, pour
ainsi dire, la tête du cheval.

BATTRE A LA MAIN, c'est le défaut des chevaux
qui n'ont pas la tête assurée ni la bouche faite, et
qui, pour éviter la sujétion du mors, secouent la
bride, et donnent des coups de tête.

FAIRE LES FORCES, c'est un mouvement très désagréable que font certains chevaux, en ouvrant la
bouche, et en portant continuellement la mâchoire
inférieure de gauche à droite, et de droite à gauche : c'est le défaut des bouches faibles.

APPUI, est le sentiment que produit l'action de la
bride dans la main du cavalier, et réciproquement

l'action que la main du cavalier opère sur les barres du cheval. Il y a des chevaux qui n'ont point d'appui, d'autres qui en ont trop, et d'autres qui ont l'appui à pleine main. Ceux qui n'ont point d'appui, sont ceux qui craignent le mors, et ne peuvent souffrir qu'il appuie sur les barres ; ce qui les fait battre à la main, et donner des coups de tête. Les chevaux qui ont trop d'appui, sont ceux qui s'appesantissent sur la main : l'appui à pleine main, qui fait la meilleure bouche, c'est lorsque le cheval, sans peser ni battre à la main, a l'appui ferme, léger et tempéré : ces trois qualités sont celles de la bonne bouche d'un cheval, lesquelles répondent à celles de la main du cavalier, qui doit être légère, douce et ferme.

Reprise, est une leçon réitérée qu'on donne à un cheval, et dans l'intervalle d'une reprise à l'autre, on lui laisse reprendre haleine.

Marquer un demi-arrèt, c'est lorsqu'on retient la main de la bride près de soi, pour retenir et soutenir le devant d'un cheval qui s'appuie sur le mors, ou lorsqu'on veut le ramener ou le rassembler.

Ramener, c'est faire baisser la tête et le nez à un cheval, qui tire à la main et porte le nez haut.

Rassembler un cheval, ou le tenir ensemble ; c'est le raccourcir dans son allure, ou dans son air ; pour le mettre sur les hanches ; ce qui se fait en retenant doucement le devant avec la main de la bride, et chassant les hanches sous lui avec le gras des jambes, pour le préparer à le mettre dans la main et dans les talons.

Être dans la main, c'est la qualité que l'on donne à un cheval parfaitement dressé.

BIEN MIS, c'est-á-dire bien dressé; bien mis dans la main et dans les talons.

SE TRAVERSER, c'est lorsque la croupe d'un cheval se dérange de la piste qu'elle doit décrire, soit en fuyant les talons, ou en allant par le droit.

HARPER, c'est l'allure des chevaux qui ont des éparvins secs, dont le mouvement se fait de la hanche avec précipitation, au lieu de plier le jarret.

PIAFFER, c'est l'action que fait le cheval, lorsqu'il passage dans une même place, en pliant les bras, et en levant les jambes avec grâce, sans se traverser, ni avancer, ni reculer, et en demeurant dans le respect pour la main et pour les jambes du cavalier.

TRÉPIGNER, c'est le défaut de ceux qui piaffent mal, qui au lieu de soutenir la jambe haut, précipitent leur mouvement et battent la poudre : les chevaux qui ont trop d'ardeur, sont sujets à ce défaut.

DOUBLER. Il y a doubler large, et doubler étroit. Le doubler large, est lorsqu'on tourne un cheval par le milieu du manège sans changer de main, en partageant le terrain également. Et le doubler étroit, est lorsqu'on le tourne dans un carré étroit aux quatre coins du manège.

FERMER, SERRER une demi-volte, cela s'entend de la fin d'un changement de main ; ou d'une demi-volte, où un cheval doit arriver également de côté, les quatre jambes ensemble, sur la ligne de la muraille, pour reprendre à l'autre main.

TRAVAILLER DE LA MAIN A LA MAIN, c'est lorsqu'on tourne un cheval d'une piste avec la main seule.

SECOURIR, c'est aider un cheval avec les jarrets, ou avec les gras des jambes, lorsqu'il veut demeurer, ou se ralentir dans son allure.

CHEVALER, c'est lorsque le cheval en allant de côté, en fuyant les talons, les jambes de dehors passent par-dessus celles de dedans.

DEDANS ET DEHORS, c'est une façon de parler, dont on se sert quelquefois, au lieu de droit et de gauche, pour exprimer les aides que l'on doit donner avec les rênes de la bride, avec les jambes et les talons du cavalier, et aussi les mouvements des jambes du cheval, selon la main où il va. Pour mieux entendre ceci, il faut savoir qu'autrefois les écuyers travaillaient presque toujours leurs chevaux sur des cercles, et le centre autour duquel ils tournaient, déterminait la main où ils allaient ; en sorte qu'en tournant un cheval à droite sur un cercle, la rêne de la bride, la jambe et le talon du cavalier, et les jambes du cheval qui étaient du côté du centre s'appelaient la rêne de dedans, la jambe de dedans, le talon de dedans ; ce qui est le même de dire, rêne droite, jambe droite, etc. Pour lors la rêne de dehors, la jambe de dehors, sont la rêne gauche, la jambe gauche, et de même en tournant un cheval à gauche sur un cercle, la rêne et la jambe qui sont du côté du centre, s'appellent la rêne et la jambe de dedans, et sont la rêne gauche et la jambe gauche, et par conséquent la rêne de dehors, et la jambe de dehors, sont la rêne droite et la jambe droite. Aujourd'hui que les manèges sont carrés et bornés de murailles ou de barrières, il est aisé de comprendre qu'on entend par la rêne de dehors, la jambe de dehors, celles qui sont du côté du mur. Si le mur est à la gauche du cavalier, cela s'appelle aller à main droite, alors la rêne et la jambe de dehors sont du côté du mur, ce sont la rêne gauche et la jambe gauche, et celles de dedans sont du côté du manège. Si la muraille est à la droite du cavalier, cela se dit travailler à main gauche ; la rêne droite et la jambe droite, sont la rêne et la jambe de dehors, et par conséquent la rêne gauche et la jambe gauche sont celles de dedans. J'ai été obligé de donner une explication un peu ample de ces termes, parce que plusieurs personnes les confondent ; mais pour parler plus intelligiblement, on dit droit et gauche, qui est plus simple, tant pour exprimer les jambes du cavalier que celles du cheval, et aussi les rênes de la bride.

CHAPITRE V

DES DIFFÉRENTS MOUVEMENTS DES JAMBES DES CHEVAUX, SELON LA DIFFÉRENCE DE LEURS ALLURES.

La plupart de ceux qui montent à cheval n'ont qu'une idée confuse des mouvements des jambes de cet animal dans ses différentes allures ; cependant, sans une connaissance aussi essentielle à un cavalier, il est impossible qu'il puisse faire agir des ressorts dont il ne connaît pas la mécanique.

Les chevaux ont deux sortes d'allures ; savoir, les allures naturelles et les allures artificielles.

Dans les allures naturelles, il faut distinguer les allures parfaites, qui sont le pas, le trot et le galop; et les allures défectueuses, qui sont l'amble, l'entrepas ou traquenard, et l'aubin.

Les allures naturelles et parfaites sont celles qui viennent purement de la nature, sans avoir été perfectionnées par l'art.

Les allures naturelles et défectueuses sont celles qui proviennent d'une nature faible ou ruinée.

Les allures artificielles, sont celles qu'un habile écuyer sait donner aux chevaux qu'il dresse, pour les former dans les differents airs dont ils sont capables, et qui doivent se pratiquer dans les manèges bien réglés.

ARTICLE PREMIER.

Des allures naturelles.

Le pas.

Le pas est l'action la moins élevée, la plus lente et la plus douce de toutes les allures d'un cheval. Dans le mouvement que fait un cheval lorsqu'il va le pas, il lève les deux jambes qui sont opposées et traversées, l'une devant, l'autre derrière : quand, par exemple, la jambe droite de devant est en l'air, et se porte en avant, la gauche de derrière se lève immédiatement après, et suit le même mouvement que celle de devant, et ainsi des deux autres jambes, en sorte que dans le pas, il y a quatre mouvements : le premier est celui de la jambe droite de devant, qui est suivie de la jambe gauche de derrière, qui fait le second mouvement ; le troisième est celui de la jambe gauche de devant, qui est suivie de la jambe droite de derriere, et ainsi alternativement.

Le trot.

L'action que fait le cheval qui va au trot, est de lever en même temps les deux jambes qui sont opposées et traversées, savoir : la jambe droite de devant avec la jambe gauche de derrière, et ensuite la jambe gauche de devant avec la droite de derrière. La différence qu'il y a entre le pas et le trot, c'est que, dans le trot, le mouvement est plus

violent, plus diligent et plus relevé, ce qui rend cette dernière allure beaucoup plus rude que celle du pas, qui est lente et près de terre : il y a encore cette différence, c'est que quoique les jambes du cheval qui va le pas soient opposées et traversées comme elles le sont au trot, la position des pieds se fait en quatre temps au pas, et qu'au trot il n'y en

a que deux, parce qu'il lève en même temps les
deux jambes opposées, et les pose aussi à terre en
même temps, comme nous venons de l'expliquer.

Le galop.

Le galop est l'action que fait le cheval en courant.
C'est une espèce de saut en avant, car les jambes
de devant ne sont point encore à terre, lorsque
celles de derrière se lèvent : de façon qu'il y a un

instant imperceptible, où les quatre jambes sont en
l'air. Dans le galop, il y a deux principaux mouvements : l'un pour la main droite, qu'on appelle galoper sur le pied droit ; l'autre, pour la main gauche, qui est galoper sur le pied gauche. Il faut que
dans chacune de ces différences, la jambe de dedans de devant avance et entame le chemin, et que

celle de derrière du même côté suive et avance aussi, ce qui se fait dans l'ordre suivant : Si le cheval galope à droite, quand les deux jambes de devant sont levées, la droite est mise à terre plus avant que la gauche, et la droite de derrière chasse et suit le mouvement de celle de devant; elle est aussi posée à terre plus avant que la gauche, et la droite de derrière chasse et suit le mouvement de celle de devant; elle est aussi posée à terre plus avant que la gauche de derrière. Dans le galop à main gauche, c'est le pied gauche de devant qui mène et entame le chemin; celui de derrière du même côté suit, et est aussi plus avancé que le pied droit de derrière.

Cette position de pieds se fait dans l'ordre suivant :

Lorsque le cheval galope à droite, après avoir rassemblé les forces de ses hanches pour chasser les parties de devant, le pied gauche de derrière se pose à terre le premier; le pied droit de derrière fait ensuite la seconde position, et est placé plus avant que le pied gauche de derrière, et dans le même instant le pied gauche de devant se pose aussi à terre, en sorte que dans la position de ces deux pieds, qui sont croisés et opposés, comme au trot, il n'y a ordinairement qu'un temps qui soit sensible à la vue et à l'oreille ; et enfin le pied droit de devant, qui est avancé plus que le pied gauche de devant, et sur la ligne du pied droit de derrière, marque le troisième et dernier temps. Ces mouvements se répètent à chaque temps de galop, et se continuent alternativement.

A main gauche, la position des pieds se fait différemment ; c'est le pied droit de derrière qui marque le premier temps ; le pied gauche de derrière et le pied droit de devant se lèvent ensuite et se posent ensemble à terre, croisés comme au trot, et font le second temps ; et enfin le pied gauche de devant, qui est plus avancé que le pied droit de devant, et sur la ligne du pied gauche de derrière, marque la troisième et dernière cadence.

Mais lorsqu'un cheval a les ressorts liants et le mouvement des hanches tride, il marque alors quatre temps, qui se font dans l'ordre suivant : Lorsqu'il galope à droite, par exemple, le pied gauche de derrière se pose à terre le premier, le pied droit de derrière fait la seconde position, le pied gauche de devant, immédiatement après celui-ci, marque le troisième temps et enfin le pied droit de devant, qui est le plus avancé de tous, fait la quatrième et dernière position ; ce qui fait alors 1, 2, 3 et 4, et forme la vraie cadence du beau galop, qui doit être diligent des hanches, et raccourci du devant, comme nous l'expliquerons dans la suite.

Quand il arrive qu'un cheval n'observe pas en galopant le même ordre aux deux mains dans la position de ses pieds, comme il le doit, et comme nous venons de l'expliquer, il est faux ou désuni.

Un cheval galope faux ou sur le mauvais pied, lorsque en allant à une main, au lieu d'entamer le chemin avec la jambe de dedans, comme il le doit, c'est la jambe de dehors qui est la plus avancée, c'est-à-dire si le cheval, en galopant à main droite, entame le chemin avec la jambe gauche de devant, suivie de la gauche de derrière, alors il est faux, il

galope faux, sur le mauvais pied : et si en galopant à main gauche, il avance et entame le chemin avec la jambe droite de devant, et celle de derrière au lieu de la gauche, il est de même faux et
sur le mauvais pied. La raison de cette fausseté
dans cette allure vient de ce que les deux jambes,
celle de devant et celle de derrière, qui sont du
centre du terrain autour duquel on galope, doivent
nécessairement être avancées, afin de soutenir le
poids du cheval et du cavalier ; car autrement le
cheval serait en danger de tomber en tournant ; ce
qui arrive quelquefois, et ne laisse pas d'être dangereux. On court aussi le même risque quand un
cheval galope désuni.

Un cheval se désunit de deux manières, tantôt
du devant et tantôt du derrière, mais plus ordinairement du derrière que du devant. Il se désunit du
devant, lorsque en galopant dans l'ordre qu'il doit
avec les jambes de derrière à la main où il va, c'est
la jambe de dehors du devant qui entame le chemin, au lieu de celle du dedans. Par exemple,
lorsqu'un cheval galope à main droite et que la
jambe gauche de devant est la plus avancée au lieu
de la droite, il est désuni du devant, et de même, si
en galopant à main gauche il avance la jambe droite
de devant, au lieu de la gauche, il est encore désuni
du devant. Il en est de même pour le derrière : si
c'est la jambe de dehors de derrière qui entame le
chemin, au lieu de celle du dedans, il est désuni du
derrière. Pour comprendre encore mieux ceci, il
faut faire attention que lorsqu'un cheval en galopant à droite, a les jambes de devant placées comme
il devrait les avoir pour galoper à gauche, il est

désuni du devant ; et lorsque les jambes de derrière
sont dans la même position où il devrait les avoir
à gauche, lorsqu'il galope à droite, il est désuni du
derrière. Il en est de même pour la main gauche.

Il faut remarquer que pour les chevaux de chasse
et de campagne, on entend toujours, surtout en
France, par galoper sur le bon pied, galoper sur

pied droit. Il y a pourtant quelques hommes de
cheval qui font changer de pied à leurs chevaux,
afin de reposer la jambe gauche qui est celle qui
souffre le plus, parce qu'elle porte tout le poids, au
lieu que la droite entamant le chemin, a plus de liberté et ne se fatigue pas tant.

ARTICLE II.

Des allures défectueuses.

L'amble.

L'amble est une allure plus basse que celle du pas, mais infiniment plus allongée, dans laquelle le cheval n'a que deux mouvements, un pour chaque côté, de façon que les deux jambes du même côté, celle

de devant et celle de derrière, se lèvent en un même temps, et se portent en avant ensemble, et dans le temps qu'elles se posent à terre aussi ensemble, elles sont suivies de celles de l'autre côté. qui font le même mouvement, lequel se continue alternativement.

Pour qu'un cheval aille bien l'amble, il doit marcher les hanches basses et pliées, et poser les pieds de derrière un grand pied au-delà de l'endroit où il a posé ceux de devant, et c'est ce qui fait qu'un cheval d'amble fait tant de chemin. Ceux qui vont les hanches hautes et raides n'avancent pas tant et fatiguent beaucoup plus un cavalier. Les chevaux d'amble ne sont bons que dans un terrain doux et uni, car dans la boue et dans un terrain raboteux, un cheval ne peut pas soutenir longtemps cette allure. L'on voit, à cause de cela, plus de chevaux de cette espèce en Angleterre qu'en France, parce que le terrain y est plus doux et plus uni ; mais généralement parlant, un cheval d'amble ne peut pas durer longtemps, et c'est un signe de faiblesse dans la plupart de ceux qui amblent : les jeunes poulains même prennent cette allure dans la prairie, jusqu'à ce qu'ils aient assez de force pour trotter et galoper. Il y a beaucoup de braves chevaux qui, après avoir rendu de longs services, commencent à ambler, parce que leurs ressorts venant à s'user, ils ne peuvent plus soutenir les autres allures qui leur étaient auparavant ordinaires et naturelles.

L'entrepas ou traquenard.

L'entrepas, qu'on appelle aussi *traquenard*, est un train rompu, qui a quelque chose de l'amble. Les chevaux qui n'ont point de reins et qu'on presse sur les épaules, ou qui commencent à avoir les jambes usées et ruinées, prennent ordinairement cette allure. Les chevaux de charge, par exemple, qui sont obligés de faire diligence, après avoir trotté pendant quelques années le fardeau sur le corps, lorsqu'ils n'ont plus assez de force pour soutenir l'action du trot, prennent enfin une espèce de tricotement de jambe vite et suivi, qui a l'air d'un amble rompu, et qui est à proprement parler, ce qu'on appelle entrepas ou traquenard.

L'aubin.

On appelle aubin, une allure dans laquelle le cheval en galopant avec les jambes de devant, trotte ou va l'amble avec le train de derrière. Cette allure qui est très vilaine, est le train des chevaux qui ont les hanches faibles et le derrière ruiné, et qui sont extrêmement fatigués à la fin d'une longue course. La plupart des chevaux de poste aubinent au lieu de galoper franchement ; les poulains qui n'ont point encore assez de force dans les hanches pour chasser et accompagner le devant, et qu'on veut trop tôt presser au galop, prennent aussi cette allure, de même que les chevaux de chasse, lorsqu'ils ont les jambes de derrière usées.

ARTICLE III.

Des allures artificielles.

Les mouvements artificiels sont tirés des naturels, et prennent différents noms, suivant la cadence et la posture que l'on donne aux chevaux dressés au manège qui leur est propre.

Il y a, selon l'usage ordinaire, deux sortes de manèges ; le manège de guerre, et celui de carrière ou d'école.

On entend par manège de guerre, l'exercice d'un
cheval sage, aisé et obéissant aux deux mains, qui
part de vitesse, s'arrête et tourne facilement sur les
hanches ; qui est accoutumé au feu, aux tambours,
aux étendards, et qui n'a peur de rien.

Par manège de carrière ou d'école, on doit entendre celui qui renferme tous les airs inventés par
ceux qui ont excellé dans cet art, et qui sont ou
doivent être en usage dans les académies bien ré-
glées.

Parmi ces différents airs, il y en a de bas et de
relevés.

Les airs qu'on appelle *bas*, sont ceux des chevaux
qui manient près de terre.

Les airs relevés sont ceux des chevaux dont les
mouvements sont détachés de terre.

AIRS BAS OU PRÈS DE TERRE.

Les airs des chevaux qui manient près de terre,
sont le passage, le piaffer, la galopade, le changement de main, la volte, la demi-volte, la passade, la
pirouette et le terre-à-terre.

Il faut remarquer que la plupart des termes de
manège dérivent de l'italien, parce que les Italiens
sont les premiers inventeurs des règles et des principes de cet art.

Passage.

Passage qu'on appelait autrefois *passege*, du mot
italien *spassegpio*, qui signifie *promenade*. C'est un
pas ou un trot mesuré et cadencé. Il faut, dans ce

mouvement, qu'un cheval tienne plus longtemps ses jambes en l'air, l'une devant et l'autre derrière, croisées et opposées comme au trot; mais il doit être beaucoup plus raccourci, plus soutenu et plus écouté que le trot ordinaire, en sorte qu'il n'y ait pas plus d'un pied de distance entre chaque pas qu'il fait, c'est-à-dire que la jambe qui est en l'air, se pose environ un pied au-delà de celle qui est à terre.

Piaffer.

Lorsqu'un cheval passage dans une place sans avancer, reculer, ni se traverser, et qu'il lève et plie les bras haut et de bonne grâce dans cette action, on appelle cette démarche *piaffer*. Cette allure, qui est très noble, était fort recherchée dans les carrousels et dans les fêtes à cheval : elle est encore fort estimée en Espagne ; les chevaux de ce pays, et les Napolitains, y ont beaucoup de disposition.

Galopade.

La galopade, ou le galop de manège, est un galop uni, bien ensemble, raccourci du devant, et diligent des hanches, c'est-à-dire, qui ne traîne pas le derrière, et qui produise, par l'égalité des ressorts du cheval, cette belle cadence qui charme autant les spectateurs qu'elle plaît au cavalier.

Changement de main.

Nous avons dit dans le chapitre précédent, qu'on ne devait pas seulement entendre par changement

de main l'action que fait le cheval lorsqu'il change
de pied, mais que l'usage voulait aussi qu'on enten-
dît par cette expression le chemin que décrit le
cheval lorsqu'il va d'une muraille à l'autre en traversant le manège, soit de droite à gauche, ou de
gauche à droite. Dans cette dernière espèce, il y a
deux choses à observer, qui sont les contre-changements de mains, et les changements de mains renversés.

Contre-changer de main, c'est lorsqu'après avoir
mené un cheval jusqu'au milieu du manège, comme
si on voulait le changer tout à fait, et après l'y
avoir placé la tête à l'autre main, on le ramène sur
la ligne de la muraille qu'on vient de quitter, pour
continuer à la même main où il était avant que
d'avoir changé de main.

Dans le changement de main renversé, la première ligne que décrit le cheval est, jusqu'au milieu
du manège, la même que celle du changement de
main ordinaire; mais en revenant à la muraille
qu'on vient de quitter, comme si on voulait contre-
changer de main, au lieu de le faire, on retourne
et on renverse l'épaule du cheval pour reprendre à
l'autre main; en sorte que si en changeant de main
de droite à gauche, dans le contre-changement de
main, on se trouve à la même main, qui est la droite,
mais dans le changement de main renversé, on se
trouve à gauche en arrivant à la muraille, et cela
par le renversement d'épaule qu'on leur a fait.

Les changements de main, les contre-changements et les changements renversés, se font d'une
piste ou de deux pistes, suivant que le cheval est
plus ou moins obéissant à la main et aux talons.

Volte.

Le mot de volte est une expression italienne qui signifie *cercle, rond*, ou *piste circulaire*. Il faut remarquer qu'on entend en Italie par volte, le cercle que décrit un cheval qui va simplement d'une piste, et ce que nous entendons par volte, ils l'appellent *radoppio ;* mais en France le mot de volte signifie aller de deux pistes de côté, le cheval formant deux cercles parallèles, ou un carré dont les coins sont arrondis.

La demi-volte est la moitié d'une volte, ou une espèce de demi-cercle de deux pistes. On fait les demi-voltes, ou dans la volte même, ou aux deux extrémités d'une ligne droite.

Il y a encore des voltes renversées, et des demi-voltes renversées.

Par volte renversée, on entend le chemin que décrit un cheval qui va de deux pistes avec la tête et les épaules du côté du centre, et alors les pieds de devant décrivent la ligne la plus près du centre, et ceux de derrière la plus éloignée, ce qui est l'opposé de la volte ordinaire, où la croupe est du côté du centre de la volte.

La demi-volte renversée se fait comme le changement de main renversé, excepté que le cheval doit aller de deux pistes pour la demi-volte.

Passade.

Faire des passades, c'est mener un cheval sur une même longueur de terrain, en changeant aux deux bouts, de droite à gauche, et de gauche à droite, passant et repassant toujours sur la même ligne.

Il y a des passades au petit galop, et des passades furieuses.

Les passades qui se font au petit galop, sont celles où l'on tient le cheval rassemblé dans un galop raccourci et écourté, tant sur la ligne droite de la passade, que sur les demi-voltes des deux extrémités de la ligne.

Dans les passades furieuses, on mène le cheval au petit galop jusqu'au milieu de la ligne droite, et de là on le fait partir à toutes jambes jusqu'à l'endroit où on le rassemble pour commencer la demi-volte.

Pirouette.

La pirouette est une espèce de volte qui se fait dans une même place et dans la longueur du cheval : la croupe reste dans le centre, et la jambe de derrière de dedans sert comme de pivot, autour duquel tournent, tant les deux jambes de devant, que celle de dehors de derrière.

Terre-à-terre.

M. le duc de Newcastle a fort bien défini le terre-à-terre, un galop en deux temps qui se fait de deux pistes. Dans cette action, le cheval lève les deux jambes de devant à la fois, et les pose à terre de même ; celles de derrière suivent et accompagnent celles de devant, ce qui forme une cadence tride et basse, qui est comme une suite de petits sauts fort bas, près de terre, allant toujours en avant et de côté.

Quoique le terre-à-terre soit mis avec raison au nombre des airs bas, parce qu'il est près de terre, c'est pourtant cet air qui sert de fondement à tous les airs relevés, parce que généralement tous les sauts se font en deux temps, comme au terre-à-terre.

AIRS RELEVÉS

On appelle airs relevés, tous les sauts qui sont plus détachés de terre que le terre-à-terre. On en compte sept, qui sont : la pesade, le mézair, la courbette, la croupade, la balotade, la cabriole, le pas et le saut.

Pesade.

La pesade est un air dans lequel le cheval lève le devant haut, dans une place sans avancer, tenant les pieds de derrière fermes à terre sans les remuer, en sorte qu'il ne fait point de temps avec les hanches, comme à tous les autres airs. On se sert de cette leçon pour préparer un cheval à sauter avec plus de liberté, et pour lui gagner le devant.

Mézair.

Mézair est un terme qui signifie moitié air; c'est un saut qui, quoique au nombre des airs relevés, ne l'est pourtant qu'un peu plus que le terre-à-terre, mais moins écouté et plus avancé que la courbette; on l'appelle *moitié air*, *mézair*, parce qu'il est entre l'un et l'autre, et c'est pour cela que quelques

écuyers l'appellent *demi-courbette*, ce qui exprime
assez bien le mouvement que fait un cheval dans
cette action.

Courbette.

La courbette est un saut dans lequel le cheval est
plus relevé du devant, plus écouté et plus soutenu
que dans le mézair, et où les hanches rabattent et
accompagnent avec une cadence basse et tride les
jambes de devant, dans l'instant qu'elles retombent
à terre.

Croupade.

La croupade est un saut plus élevé que la courbette, tant du devant que du derrière, dans lequel
le cheval étant en l'air, trousse et retire les pieds
et les jambes de derrière sous le ventre, et les tient
dans une hauteur égale à celle des pieds de devant.

Balotade.

La balotade est un saut dans lequel le cheval ayant
les quatre pieds en l'air, et dans une égale hauteur,
au lieu de retirer et de trousser ses jambes et ses
pieds de derrière sous le ventre comme dans la croupade, il présente ses fers de derrière, comme s'il
voulait ruer, sans pourtant détacher la ruade comme
dans la cabriole.

Cabriole.

La cabriole est le plus élevé et le plus parfait de
tous les sauts. Lorsque le cheval est en l'air, et

dans une égale hauteur du devant et du derrière, il détache la ruade avec autant de force que s'il voulait, pour ainsi dire, se séparer de lui-même, en sorte que ses jambes de derrière partent comme un trait. On appelait autrefois cette action, *s'éparer*, *nouer l'aiguillette*.

Il faut bien remarquer que ces trois derniers airs de croupade, de balotage et de cabriole, diffèrent entre eux en ce que le cheval, dans la croupade, ne montre point ses fers de derrière lorsqu'il est en haut de son saut, qu'au contraire il les retire sous le ventre ; que dans la balotade il montre ses fers et s'offre à ruer, sans pourtant détacher la ruade ; et que dans la cabriole il détache la ruade aussi vivement qu'il le peut.

Le pas et le saut.

Cet air se forme en trois temps, dont le premier est un temps de galop raccourci ou terre-à-terre, le second une courbette, et le troisième est une cabriole et ainsi alternativement. Les chevaux qui ne se sentent pas assez de force pour redoubler à cabrioles, prennent d'eux mêmes cet air ; et les plus vigoureux sauteurs, lorsqu'ils commencent à s'user, prennent aussi cet air pour se soulager et pour prendre mieux le temps du saut.

CHAPITRE VI

DE LA BELLE POSTURE DE L'HOMME A CHEVAL
ET DE CE QU'IL FAUT OBSERVER
AVANT QUE DE MONTER.

La grâce est un si grand ornement pour un cavalier, et en même temps un si grand acheminement
à la science, que tous ceux qui veulent devenir
hommes de cheval, doivent, avant toutes choses,
employer le temps nécessaire pour acquérir cette
qualité. J'entends par grâce, un air d'aisance et de
liberté qu'il faut conserver dans une posture droite
et libre, soit pour se tenir et s'affermir à cheval
quand il le faut, soit pour se relâcher à propos, en
gardant autant qu'on le peut, dans tous les mouvements que fait un cheval, ce juste équilibre qui dépend du contrepoids du corps bien observé, et que
les mouvements du cavalier soient si subtils, qu'ils
servent plus à embellir son assiette, qu'à paraître
aider son cheval. Cette belle partie ayant éte né-
gligée, et la nonchalance jointe à un certain air de
mollesse, ayant succédé à l'attention qu'on avait
autrefois pour acquérir et pour conserver cette
belle assiette qui charme les yeux des spectateurs,
et relève infiniment le mérite d'un beau cheval, il
n'est point étonnant que la cavalerie ait tant perdu
de son ancien lustre.

Avant que de monter un cheval, il faut visiter
d'un coup-d'œil tout son équipage : cette attention,
qui est l'affaire d'un moment, est absolument né-

cessaire pour éviter les inconvénients qui peuvent
arriver à ceux qui négligent ce petit soin. Il faut
d'abord voir si la sous-gorge n'est point trop serrée,
ce qui empêcherait la respiration du cheval ; si la
muserole n'est pas trop lâche, car il faut au contraire qu'elle soit un peu serrée, tant pour la pro-
preté que pour empêcher certains chevaux d'ouvrir
la bouche, et pour prévenir dans d'autres le défaut
qu'ils ont de mordre à la botte. Il faut ensuite voir
si le mors n'est point trop haut, ce qui ferait fron-
cer les lèvres ; ou trop bas, ce qui le ferait porter
sur les crochets ; si la selle n'est point trop avant ;
car, outre le danger d'estropier un cheval sur le
garrot, on lui empêcherait le mouvement des épaules ; si les sangles ne sont point trop lâches, ce qui
ferait tourner la selle, ou si elles ne sont point tendues, d'où il arrive souvent de fâcheux accidents.
Il y a, par exemple, certains chevaux qui s'enflent
tellement le ventre par malice, en retenant leur
haleine, lorsqu'on veut les sangler, qu'à grande
peine les sangles peuvent approcher des contre-
sanglons ; il y en a d'autres qui, si on les monte dès
qu'ils sont sanglés, ont la dangereuse habitude
d'essayer, en sautant, de casser leurs sangles, et
quelquefois même de se renverser. Pour corriger
ces défauts, on les tient sanglés dans l'écurie quelque temps avant de les monter, et on les fait trotter en main quelques pas. Il faut aussi voir si le
poitrail est au-dessus de la jointure des épaules ;
car s'il était trop bas, il en empêcherait le mouvement ; et enfin, si la croupière est d'une juste mesure ; ni trop lâche, ce qui ferait tomber la selle en
avant ; ni trop courte, ce qui écorcherait le cheval

sous la queue, et lui ferait faire des sauts et des ruades très incommodes.

Après avoir fait ce petit examen, il faut s'approcher près de l'épaule gauche du cheval, non seulement pour être à portée de monter facilement dessus, mais pour éviter de recevoir un coup de pied, soit avec la jambe de devant, si l'on était vis-à-vis de l'encolure, soit avec celle de derrière, si l'on était placé vis-à-vis du ventre. Il faut ensuite prendre le bout des rênes avec la main droite, pour voir si elles ne sont point à l'envers ni détournées ; et, en ce cas, il faudrait les remettre sur leur plat, en tournant le touret du bas de la branche. Il faut tenir la gaule la pointe en bas dans la main gauche, et de la même main prendre les rênes un peu longues, de peur d'accident, avec une poignée de crin près du garrot, et bien serrer ces trois choses. Il faut ensuite, avec la main droite, prendre les bas de l'étrivière près de l'étrier, tourner l'étrivière du côté du plat du cuir, ensuite on met le pied gauche à l'étrier, on porte la main droite sur l'arçon de derrière ; on s'élève au-dessus de la selle, en passant la jambe droite étendue jusqu'à la pointe du pied ; et enfin on entre dans la selle en se tenant le corps droit. Toute cette suite d'action, qui est plus longue à décrire qu'à exécuter, doit se faire avec beaucoup de grâce, de promptitude et de légèreté, afin de ne pas tomber dans le cas de certains cavaliers, qui affectent un air de suffisance dans la pratique de choses qui, quand on sait les faire une fois, sont très faciles et très simples, mais nécessaires.

Lorsqu'on est en selle, il faut passer la gaule dans

la main droite, la pointe en haut; avec la même main prendre le bout des rênes pour les tenir égales, ensuite les ajuster dans la main gauche, en les séparant avec le petit doigt de la même main, renfermer le bout des doigts dans le creux de la main, et étendre le pouce dessus les rênes, afin de les assurer et de les empêcher de couler de la main.

La main de la bride gouverne l'avant-main. Elle doit être placée au-dessus du cou du cheval, ni en dedans, ni en dehors, à la hauteur du coude, deux doigt au-dessus, et plus en avant que le pommeau de la selle, afin qu'il n'empêche pas l'effet des rênes ; elle doit être par conséquent détachée du corps, et éloignée de l'estomac, avec les ongles un peu tournés en dessus vis-à-vis du ventre, et le poignet un peu arrondi. Nous parlerons, dans le chapitre suivant, des effets de la main de la bride, laquelle mérite une explication toute particulière.

La main droite doit être placée à la hauteur et près de la main gauche, quand on mène un cheval les rênes égales ; mais, lorsqu'on se sert de la rêne droite pour le plier avec la main droite, il faut qu'elle soit plus basse que la main gauche et plus près de la bâte de la selle.

Immédiatement après avoir placé la main de la bride, il faut s'asseoir juste dans le milieu de la selle, la ceinture et les fesses avancées, afin de n'être point assis près de l'arçon de derrière ; il faut tenir ses reins pliés et fermes pour résister au mouvement du cheval.

M. le duc de Newcastle dit qu'un cavalier doit avoir deux parties mobiles et une immobile. Les premières sont le corps jusqu'au défaut de la cein-

ture, et les jambes depuis les genoux jusqu'aux pieds; l'autre est depuis la ceinture jusqu'aux genoux. Suivant ce principe, les parties mobiles d'en haut sont la tête, les épaules et les bras. La tête doit être placée droite et libre au-dessus des

épaules, en regardant entre les oreilles du cheval; les épaules doivent être aussi fort libres et un
peu renversées en arrière; car, si la tête et les
épaules étaient en avant, le derrière sortirait du
fond de la selle, ce qui, outre la mauvaise grâce,
ferait aller un cheval sur les épaules, et lui donnerait occasion de ruer par le moindre mouvement.
Les bras doivent être pliés au coude et joints au
corps sans contrainte, en tombant naturellement
sur les hanches.

A l'égard des jambes, qui sont les parties mobiles d'en bas, elles servent à conduire et à tenir en
respect le corps et l'arrière-main du cheval; leur
vraie position est d'être droites et libres du genou
en bas, près du cheval, sans le toucher, les cuisses
et les jarrets tournés en dedans, afin que le plat de
la cuisse soit, pour ainsi dire, collé le long du quartier de la selle. Il faut pourtant que les jambes
soient assurées, quoique libres; car si elles étaient
incertaines, elles toucheraient incessamment le
ventre, ce qui tiendrait le cheval dans un continuel
désordre; si elles étaient trop éloignées, on ne
serait plus à temps d'aider ou de châtier un cheval
à propos, c'est-à-dire, dans le temps qu'il commet
la faute; si elles étaient trop avancées, on ne pourrait pas s'en servir pour le ventre, dont les aides
sont les jambes; si, au contraire, elles étaient trop
en arrière, les aides viendraient dans les flancs, qui
sont une partie trop chatouilleuse et trop sensible
pour y appliquer les éperons; et, si enfin les jambes
étaient trop raccourcies, lorsqu'on peserait sur les
étriers, on serait hors de selle.

Le talon doit être un peu plus bas que la pointe

du pied, mais pas trop, parce que cela tiendrait la jambe raide ; il doit être tourné tant soit peu plus en dedans qu'en dehors, afin de pouvoir conduire l'éperon facilement et sans contrainte à la partie du ventre qui est à quatre doigts derrière les sangles. La pointe du pied doit déborder l'étrier d'un pouce ou deux seulement, suivant la largeur de la grille ; si elle était trop en dehors, le talon se trouverait trop près du ventre, et l'éperon chatouillerait continuellement le poil ; si, au contraire, elle était trop en dedans, alors le talon étant trop en dehors, la jambe serait estropiée. A proprement parler, ce ne sont point les jambes qu'il faut tourner à cheval, mais le haut de la cuisse, c'est à-dire, la hanche, et alors les jambes ne sont point trop tournées, et le sont autant qu'elles le doivent être, aussi bien que le pied.

Il ne suffit pas de savoir précisément comment il faut se placer à cheval, suivant les règles que nous venons de donner ; le plus difficile est de conserver cette posture, lorsque le cheval est en mouvement ; c'est pour cela qu'un habile maître a coutume de faire beaucoup trotter les commençants, afin de leur faire prendre le fond de la selle. Rien n'est au-dessus du trot pour donner de la fermeté à un cavalier. On se trouve à son aise, après cet exercice, dans les autres allures qui sont moins rudes. La méthode de trotter cinq ou six mois sans étriers est encore excellente ; par là nécessairement les jambes tombent près du cheval, et un cavalier prend de l'assiette et de l'équilibre. Une erreur dans laquelle on tombe trop ordinairement, c'est de donner des sauteurs aux commençants, avant

qu'ils aient attrapé au trot cet équilibre qui est au-
dessus de la force des jarrets, pour se bien tenir à
cheval. Ceux qui ont l'ambition de monter trop tôt
des sauteurs, prennent la mauvaise habitude de se
tenir avec les talons; et, au sortir de l'académie, ils
ne laissent pas, avec leur prétendue fermeté, de
se trouver très embarrassés sur de jeunes chevaux.
C'est en allant par degrés, qu'on acquiert cette
fermeté qui doit venir de l'équilibre, et non de ces
jarrets de fer qu'il faut laisser aux casse-cous des
maquignons. Il faut pourtant, dans de certaines
occasions, se servir de ses jarrets, et même vigoureusement, surtout dans des contre-temps qui sont
si rudes et si subits, qu'on ne peut s'empêcher de
perdre son assiette; mais il faut se remettre en
selle, et se relâcher d'abord après la bourrasque,
autrement le cheval recommencerait à se défendre
de plus belle.

Dans une école bien réglée, on devait, après le
trot, mettre un cavalier au piaffer dans les piliers,
il apprendrait, dans cette occasion qui est très
aisée, à se tenir de bonne grâce. Après le piaffer, il
faudrait un cheval qui allât à demi-courbette,
ensuite un à courbette, un autre à balotade ou à
croupade, et enfin un à cabriole. Insensiblement, et
sans s'en apercevoir, un cavalier prendrait avec le
temps, la manière de se tenir ferme et droit, sans
être raide ni gêné, deviendrait libre et aisé, sans
molesse ni nonchalance, et surtout il ne serait
jamais penché, ce qui est le plus grand de tous les
défauts, parce que les chevaux sensibles vont bien
ou mal, suivant que le contre-poids du corps est
régulièrement observé ou non.

CHAPITRE VII

DE LA MAIN DE LA BRIDE ET DE SES EFFETS.

Les mouvements de la main de la bride servent à avertir le cheval de la volonté du cavalier, et l'action que produit la bride dans la bouche du cheval, est l'effet des différents mouvements de la main. Comme nous avons donné, dans la première partie de cet ouvrage, l'explication des parties qui composent la bride, et la manière de l'ordonner, suivant la différence des bouches, nous n'en parlerons point ici.

M. de la Broue, et après lui, M. de Newcastle, disent que, pour avoir la main bonne, il faut qu'elle soit légère, douce et ferme. Cette perfection ne vient pas seulement de l'action de la main, mais encore de l'assiette du cavalier; lorsque le corps est ébranlé, ou en désordre, la main sort de la situation où elle doit être, et le cavalier n'est plus occupé qu'à se tenir; il faut encore que les jambes s'accordent avec la main, autrement l'effet de la main ne serait jamais juste; cela s'appelle, en termes de l'art, accorder la main et les talons, ce qui est la perfection de toutes les aides.

La main doit toujours commencer le premier effet et les jambes doivent accompagner ce mouvement; car c'est un principe général que, dans toutes les allures, tant naturelles qu'artificielles, la tête et les épaules du cheval doivent marcher les premières; et, comme le cheval a quatre principales allures qui sont, aller en avant, aller en arrière, aller à droite, aller à gauche, la main de la bride doit aussi produire quatre effets qui sont, rendre la main, soutenir la main, tourner la main à droite, et tourner la main à gauche.

Le premier effet, qui est de rendre la main pour aller en avant, est un mouvement qui se fait en baissant la main, et en la tournant un peu les ongles en dessous ; la seconde action, qui est de soutenir la main, se fait en approchant la main de l'estomac, et en la levant les ongles un peu en haut ; cette dernière aide est pour arrêter un cheval, ou marquer un demi-arrêt, ou bien pour le reculer ; il ne faut pas, dans cette action, peser trop sur les étriers, et il faut, en marquant le temps de la main, mettre les épaules un peu en arrière, afin que le cheval arrête ou recule sur les hanches. Le troisième effet de la main est de tourner à droite, en portant la main de ce côté, ayant les ongles un peu en haut, afin que la rêne de dehors qui est la rêne gauche, laquelle doit faire action, puisse agir plus promptement. Le quatrième effet est de tourner à gauche, en y portant la main, tournant un peu les ongles en dessous, afin de faire agir la rêne du dehors qui est la rêne droite à cette main.

Suivant ce que nous venons de dire, il est aisé de remarquer qu'un cheval obéissant à la main est celui qui la suit dans tous ces mouvements, et que sur l'effet de la main, est fondé celui des rênes qui font agir l'embouchure.

Il y a trois manières de tenir les rênes, séparées dans les deux mains, égales dans la main gauche, ou l'une plus courte que l'autre, suivant la main où l'on travaille un cheval.

On appelle rênes séparées, lorsqu'on tient la rêne gauche dans la main gauche.

On se sert des rênes séparées pour les chevaux qui ne sont point encore accoutumés à obéir à la main de la bride; on s'en sert aussi pour les chevaux qui se défendent et qui refusent de tourner à une main.

Pour bien se servir des rênes séparées, il faut baisser la main gauche, lorsqu'on tire la rêne droite pour tourner à droite; et de même en tirant la rêne gauche, pour faire tourner un cheval à gauche, il faut baisser la rêne droite; autrement le cheval ne saurait à quelle rêne obéir, si on ne baissait pas celle qui est opposée à la main où on le veut tourner.

Les rênes égales dans la main gauche servent à mener un cheval obéissant à la main de la bride, tant pour les chevaux de campagne, que pour ceux de chasse et de guerre; mais, lorsqu'on travaille un cheval dans un manège, pour le dresser et lui donner leçon, il faut que la rêne de dedans soit un peu raccourcie dans la main de la bride, afin de lui placer la tête du côté où il va; car un cheval qui n'est point plié, n'a point de grâce dans un manège; mais la rêne de dedans ne doit point être trop raccourcie, cela donnerait un faux appui, et il faut toujours sentir dans la main de la bride l'effet des deux rênes. Le plus difficile est de plier un cheval à droite, non seulement parce que la plupart des chevaux sont naturellement plus raides à cette main qu'à gauche; mais cette difficulté vient encore de la situation des rênes dans la main gauche; comme elles doivent être séparées par le petit doigt, il se trouve que la rêne gauche, qui est par-dessous le petit doigt, agit plus que la rêne droite qui est par-dessus; en sorte que, lorsqu'on travaille un cheval à droite, il ne suffit pas d'accourcir la rêne droite pour le plier, on est souvent obligé de se servir de la rêne droite, en la tirant avec le petit doigt de la main droite, qui fait la fonction du petit doigt de la main gauche, lorsqu'on travaille à gauche. Il y a très peu de personnes qui sachent bien se servir de la rêne droite; la plupart baissent la main gauche en la tirant, et alors ils ne tirent que le bout du nez du cheval, parce que la rêne de dehors n'en soutient pas l'action : il faut donc, lorsqu'on tire la rêne droite pour plier un cheval à droite, que le sentiment de la rêne de dehors reste dans la main gauche, afin que le pli vienne du garrot, et non du bout du nez, qui est une vilaine action.

Il n'en est pas de même pour la main gauche. La situation de la rêne de dedans, qui est au-dessous du petit doigt, donne beaucoup de facilité à plier un cheval à cette main, joint à ce que presque tous les chevaux y ont plus de disposition. Il faut remarquer que, lorsqu'un cheval est bien dressé, il ne faut accourcir que très peu la rêne de dedans, ni se servir que rarement de la main droite pour le plier à droite, parce qu'il doit alors se plier par l'accord de la main et des jambes; mais avant qu'il soit parvenu à ce degré de perfection, il faut nécessairement se servir des rênes de la manière que nous venons de l'expliquer.

La hauteur de la main règle ordinairement celle de la tête du cheval; c'est pourquoi il faut la tenir plus haute que dans la situation ordinaire pour les chevaux qui portent bas, afin de les relever ; et elle doit être plus basse et plus près de l'estomac, pour ceux qui portent le nez au vent, afin de les ramener et de leur faire baisser la tête.

Lorsqu'on porte la main en avant, cette action lâche la gourmette, et diminue par conséquent l'effet du mors. On se sert de cette aide pour chasser en avant un cheval qui se retient ; lorsqu'au contraire, on retient la main près de l'estomac, alors la gourmette fait plus d'effet, et le mors appuie plus ferme sur les barres, ce qui est bon pour les chevaux qui tirent à la main.

Nous avons dit ci-dessus que la main bonne renfermait trois qualités, qui sont d'être légère, douce et ferme.

La main légère est celle qui ne sent point l'appui du mors sur les barres.

La main douce est celle qui sent un peu l'effet du mors sans donner trop d'appui.

Et la main ferme est celle qui tient le cheval dans un appui à pleine main.

C'est un grand art que de savoir accorder ces trois différents mouvements de la main, suivant la nature de la bouche de chaque cheval, sans contraindre trop et sans abandonner à coup le véritable appui de la bouche ; c'est-à-dire, qu'après avoir rendu la main, ce qui est l'action de la main légère, il faut la retenir doucement pour chercher et sentir peu à peu dans la main l'appui du mors, c'est ce qu'on appelle avoir la main douce ; on résiste ensuite de plus en plus, en tenant le cheval dans un appui plus fort, ce qui provient de la main ferme,

et alors on adoucit et on diminue dans la main le
sentiment du mors, avant de passer à la main légère; car il faut que la main douce précède et suive
toujours l'effet de la main ferme, et l'on ne doit
jamais rendre la main à coup, ni la tenir ferme d'un
seul temps, on offenserait la bouche du cheval, et
on lui ferait donner des coups de tête.

Il y a deux manières de rendre la main. La première, qui est la plus ordinaire et la plus en usage,
est de baisser la main de la bride, comme nous l'a-
vons dit : la deuxième manière, est de prendre les
rênes avec la main droite, au-dessus de la main
gauche, et en lâchant un peu les rênes dans la
main gauche; on fait passer le sentiment du mors
dans la main droite; et enfin en quittant tout à fait
les rênes qui étaient dans la main gauche, on baisse
la main droite sur le cou du cheval, et alors le cheval se trouve tout à fait libre, sans bride. Cette dernière façon de rendre la main s'appelle *descente de*
main; on la fait aussi en prenant le bout des rênes
avec la main droite, la main à hauteur de la tête
du cavalier, et le bras droit en avant et libre ; mais
il faut être bien sûr de la bouche d'un cheval et de
son obéissance, pour entreprendre de le mener de
cette dernière façon. Il faut bien se donner de garde
de rendre la main, ni de faire la descente de main,
lorsque le cheval est sur les épaules : le vrai temps
de faire ce mouvement à propos, c'est après avoir
manqué un demi-arrêt, et lorsqu'on sent que le
cheval plie les hanches, de lui tendre subtilement
la bride, ou bien l'on fait la descente de main. Ce
temps, qu'il faut prendre bien juste et qu'il est difficile de saisir à propos, est une aide des plus sub-

tiles et des plus utiles de la cavalerie ; parce que le cheval pliant les hanches dans le temps qu'on abandonne l'appui, il faut nécessairement qu'il demeure léger à la main, n'ayant point de quoi appuyer sa tête.

Il y a encore une autre manière de se servir des rênes, mais elle est peu usitée : c'est d'attacher chaque rêne à l'arc du banquet, alors la gourmette ne fait aucun effet. Cette façon de se servir des rênes, s'appelle *travailler avec de fausses rênes :* on s'en sert encore quelquefois pour accoutumer les jeunes chevaux à l'appui du mors, lorsqu'on commence à leur mettre une bride.

M. le duc de Newcastle fait une dissertation sur les rênes de la bride, où il paraît quelque vraisemblance dans la spéculation ; mais qui, selon moi, se détruit dans l'exécution. « Il dit que, de quelque côté que les rênes soient tirées, l'embouchure va toujours du côté opposé à la branche, que lorsque la branche vient en dedans, l'embouchure va en dehors ; en sorte, continue-t-il, que les rênes étant séparées lorsqu'on tire la rêne droite, l'embouchure sort de dehors de l'autre côté, et oblige le cheval de regarder hors de la volte, et on presse aussi la gourmette du côté de dehors. »

Ce principe est détruit par l'usage, qui nous prouve que le cheval est déterminé à obéir au mouvement de la main, du côté qu'on tire la rêne. En tirant par exemple, la rêne droite, le cheval est obligé de céder à ce mouvement, et de porter la tête de ce côté. Je conviens qu'en tirant simplement la rêne, sans ramener en même temps la main près de soi, comme on le doit, l'appui sera plus fort du côté opposé ; mais cela n'empêchera pas le cheval d'obéir à la main, et de porter le tête de ce côté, parce qu'il est obligé de suivre la plus forte impression, laquelle ne vient pas seulement de l'appui qui se fait du côté de dehors, mais de la rêne qui fait agir toute l'embouchure, la tire, et par conséquent la tête du cheval aussi, du côté où l'on veut aller. D'ailleurs en se servant de sa main à propos, on accourcit un peu la rêne de dedans, et alors le mors appuie sur la partie que l'on veut déterminer.

Il faut encore remarquer que, lorsqu'on se sert de la rêne de dehors, en portant la main en dedans, cette action détermine l'épaule de dehors en dedans, et fait passer la jambe de dehors par-dessus celle de dedans ; et lorsqu'on se sert de la rêne de dedans, en portant la main en dehors, ce mouvement élargit l'épaule de dedans, c'est-à-dire, fait croiser la jambe de dedans par-dessus celle de dehors. On voit par ces différents effets de la rêne de dehors, et de celle de dedans, que c'est le port de la main qui fait aller les parties de l'avant-main du cheval, et que tout cavalier qui ne connaît pas l'usage des rênes de la bride, travaille sans règles et sans principe.

CHAPITRE VIII

DES AIDES ET DES CHATIMENTS NÉCESSAIRES
POUR DRESSER LES CHEVAUX.

Des cinq sens de la nature, dont tous les animaux sont doués, aussi bien que l'homme, il y en a trois sur lesquels il faut travailler un cheval pour le dresser : ce sont, la vue, l'ouïe, et le toucher.

On dresse un cheval sur le sens de la vue, lorsqu'on lui apprend à approcher des objets qui peuvent lui faire ombrage ; car il n'y a point d'animal si susceptible d'impression des objets qu'il n'a pas encore vus, que le cheval.

On le dresse sur le sens de l'ouïe, lorsqu'on l'accoutume au bruit des armes, des tambours et des autres rumeurs guerrières ; lorsqu'on le rend attentif et obéissant à l'appel de la langue, au sifflement de la cravache, et quelquefois au son doux de la voix, qu'un cavalier emploie pour les caresses, ou à un ton plus rude, dont on se sert pour les menaces.

Mais le sens du toucher, est le plus nécessaire, parce que c'est par celui-là qu'on apprend à un cheval à obéir au moindre mouvement de la main et des jambes, en lui donnant de la sensibilité à la bouche et aux côtés, si ces parties en manquent ; ou en leur conservant cette bonne qualité, si elles l'ont déjà. On emploie pour cela les aides et les châtiments : les aides pour prévenir les fautes que le cheval peut faire ; les châtiments pour le punir dans le temps qu'il fait une faute : et comme les chevaux n'obéissent que par la crainte du châtiment, les aides

ne sont autre chose qu'un avertissement qu'on
donne au cheval, qu'il sera châtié, s'il ne répond à
leur mouvement.

Des aides.

Les aides consistent dans les différents mouvements de la main de la bride, dans l'appel de la langue, dans le sifflement et le toucher de la cravache ;
dans le mouvement des cuisses, des jarrets, et des
gras de jambes, dans le pincer délicat de l'éperon,
et enfin dans la manière de peser sur les étriers.

Nous avons expliqué dans la chapitre précédent
les différents mouvements de la main de la bride
et leurs effets ; ainsi nous passons aux autres
aides.

L'appel de la langue, est un son qui se forme en
recourbant le bout de la langue vers le palais, et
en la retirant ensuite tout à coup, en ouvrant un
peu la bouche. Cette aide sert à réveiller un cheval,
à le tenir gai en maniant, et à le rendre attentif
aux aides ou aux châtiments qui suivent cette action, s'il n'y répond pas. Mais on doit se servir
rarement de cette aide, car il n'y a rien de si cho-
quant que d'entendre un cavalier appeler continuellement de la langue ; cela ne fait plus alors
d'impression sur l'ouïe, qui est le sens sur lequel
elle doit agir. Il ne faut pas non plus appeler trop
fort : ce son ne doit, pour ainsi dire, être entendu
que du cheval. Il est bon de remarquer en passant,
qu'il ne faut jamais appeler de la langue, lorsqu'on
est à pied, et que quelqu'un passe à cheval devant
nous : c'est une impolitesse qui choque le cavalier ;
cela n'est pas permis que dans une seule occasion,

qui est lorsqu'on fait monter un cheval pour le
vendre.

Quoique la cravache soit plus pour la grâce que
que pour la nécessité, on ne laisse pas de s'en servir quelquefois utilement. On la tient haute dans
la main droite, pour acquérir une manière libre de
se servir de son épée.

La cravache est en même temps aide et châtiment. Elle est aide, lorsqu'on la fait siffler dans la
main, le bras haut et libre pour animer un cheval ;
lorsqu'on le touche légèrement avec la pointe de la
cravache sur l'épaule de dehors pour le relever ;
lorsqu'on tient la cravache sous main, c'est-à-dire
croisée par-dessous le bras droit ; la pointe au-dessus de la croupe, pour être à portée d'animer et de
donner du jeu à cette partie ; et enfin lorsqu'un
homme à pied touche de la cravache devant, c'est-
à-dire sur le poitrail, pour faire lever le devant, ou
sur les genoux, pour lui faire plier les bras.

La cravache n'est pas propre pour les chevaux
de guerre qui doivent obéir de la main à la main,
et en avant pour les jambes, à cause de l'épée qui
doit être à la place de la cravache dans la main
droite, qu'on appelle aussi pour cela la main de l'é-
pée. Dans un manège on doit tenir la cravache
toujours opposée au côté où l'on fait aller le cheval,
parce qu'on ne doit s'en servir que pour animer les
parties de dehors.

Il y a dans les jambes du cavalier cinq aides, c'est-
à-dire cinq mouvements : celui des cuisses, celui des
jarrets, celui des gras de jambes, celui du pincer
délicat de l'éperon, et celui que l'on fait en pesant
sur les étriers

L'aide des cuisses et des jarrets se fait en serrant les deux cuisses, ou les deux jarrets, pour chasser un cheval en avant, ou en serrant seulement la cuisse ou le jarret de dehors, pour le presser sur le talon du dedans, ou en serrant celui de dedans, pour le soutenir, s'il se presse trop en dedans. Il faut remarquer que les chevaux, qui sont chatouilleux, et qui retiennent leurs forces par malice, se déterminent plus volontiers pour des jarrets vigoureux que pour les éperons, et ordinairement ils se retiennent quelque temps à l'éperon, avant que de partir.

L'aide des gras de jambes, qui se fait en les approchant délicatement du ventre, est pour avertir le cheval, qui n'a point répondu à l'aide des jarrets, que l'éperon n'est pas loin, s'il n'est point sensible à leur mouvement. Cette aide est encore une des plus gracieuses et des plus utiles dont un cavalier puisse se servir pour rassembler un cheval dressé, et par conséquent sensible, lorsqu'il ralentit l'air de son manège.

L'aide du pincer délicat de l'éperon se fait en l'approchant subtilement près du poil du ventre, sans appuyer ni pénétrer jusqu'au cuir : c'est un avis encore plus fort que celui des cuisses, des jarrets et des gras de jambes. Si le cheval ne répond pas à toutes ces aides, on lui appuie vigoureusement les éperons dans le ventre, pour le châtier de son indocilité.

Enfin l'aide du peser sur les étriers, est la plus douce de toute les aides; les jambes alors servent de contre-poids pour redresser les hanches et pour tenir le cheval droit dans la balance des talons.

Cette aide suppose dans un cheval beaucoup d'obéissance et de sensibilité, puisque par la seule pression qu'on fait en appuyant plus sur un étrier que sur l'autre, on détermine un cheval à obéir à ce mouvement, qui se fait, en pesant sur l'étrier de dehors, pour presser et faire aller de côté un cheval en dedans; en pesant sur celui de dedans, pour soutenir et retenir un cheval qui se presse trop en dedans; ou bien en pesant sur les deux étriers également, pour l'avertir de diligenter sa cadence, lorsqu'il se retient plus qu'il ne doit.

Il ne faut pas croire que cette grande sensibilité de bouche et de côtés puisse se conserver longtemps dans les chevaux qui sont abandonnés à l'école : les différentes mains qui les mènent leur font perdre cette finesse et cette justesse, qui font tout le mérite d'un cheval bien dressé, et le sentiment du toucher si délicat, s'émousse avec le temps; mais s'ils ont été dressées par des principes solides, lorsqu'un homme de cheval viendra à les rechercher, il fera bientôt revivre ce qu'une fausse pratique avait amorti.

Des châtiments.

Les aides n'étant, comme nous venons de le dire, qu'un avis qu'on donne au cheval, qu'il sera puni, s'il ne répond pas à leur mouvement, les châtiments ne sont par conséquent que la punition qui doit suivre de près la désobéissance du cheval à l'avis qu'on lui donne, mais il faut que la violence des coups soit proportionnée au naturel du cheval; car souvent les châtiments médiocres, bien jugés et faits à temps, suffisent pour rendre un cheval aisé et obéissant ; d'ailleurs on a l'avantage de lui conserver, par ce moyen, la disposition et le courage ; de rendre l'exercice plus brillant, et de faire durer longtemps un cheval en bonne école

On emploie ordinairement trois sortes de châtiments : celui de la chambrière, celui de la cravache, et celui des éperons.

La chambrière est le premier châtiment dont on se sert pour faire craindre les jeunes chevaux, lorsqu'on les a fait trotter à la longe, et c'est la première leçon qu'on doit leur donner, comme nous l'expliquerons dans la suite. On se sert encore de la chambrière pour apprendre à un cheval à piaffer dans les piliers : on s'en sert aussi pour chasser en avant les chevaux paresseux qui se retiennent et s'endorment, mais elle est absolument nécessaire pour les chevaux rétifs, et ceux qui sont ramingues et insensibles à l'éperon, parce qu'il faut remarquer que le propre des coups qui fouettent, lorsqu'ils sont bien appliqués et à temps, est de faire beaucoup plus d'impression, et de chasser bien plus un cheval malin, que ceux qui le piquent ou qui le chatouillent.

On tire de la cravache deux sortes de châtiments :

Le premier, lorsqu'on en frappe un cheval vigoureusement derrière la botte, c'est-à-dire sur le ventre et sur les fesses, pour le chasser en avant ;

Le second châtiment de la gaule, c'est d'en appliquer un grand coup sur l'épaule du cheval qui détache continuellement des ruades par malice, et ce châtiment corrige plus ce vice que les éperons,

5

auxquels il n'obéira que lorsqu'il les craindra et les connaîtra.

Le châtiment qui vient des éperons, est un grand remède pour rendre un cheval sensible et fin aux aides; mais ce châtiment doit être ménagé par un homme sage et savant : il faut s'en servir avec vigueur dans l'occasion, mais rarement, car rien ne désespère et n'avilit plus un cheval que les éperons trop souvent mal à propos appliqués.

Les coups d'éperons doivent se donner dans le ventre, environ quatre doigts derrière les sangles, car si l'on appuyait les éperons trop en arrière, c'est-à dire dans les flancs, le cheval s'arrêterait et ruerait, au lieu d'aller en avant, parce que cette partie est trop sensible et trop chatouilleuse ; et au contraire, si on les appuyait dans les sangles (défaut de ceux qui ont la jambe raccourcie et trop tournée en dehors), alors le châtiment serait inutile et sans effet.

Pour bien donner des éperons, il faut approcher doucement le gras des jambes, ensuite appuyer les éperons dans le ventre. Ceux qui ouvrent les jambes et appliquent les éperons d'un seul temps, comme s'ils donnaient un coup de poing, surprennent et étonnent un cheval, et il n'y répond pas si bien que lorsqu'il est prévenu et averti par l'approche insensible des gras de jambes. Il y en a d'autres qui, avec des jambes ballantes, chatouillent continuellement le poil avec leurs éperons, ce qui accoutume un cheval à quoailler, c'est-à-dire remuer sans cesse la queue en marchant, action fort désagréable pour toutes sortes de chevaux, et encore plus pour un cheval dressé.

Il ne faut pas que les éperons soient trop pointus pour les chevaux rétifs et ramingues : au lieu d'apporter remède à ces vices, on y en ajouterait d'autres. Il y en a qui, lorsqu'on les pince trop vertement, pissent de rage; d'autres se jettent contre le mur ; d'autres s'arrètent tout à fait, et quelquefois se couchent par terre. Pour accoutumer aux éperons les chevaux qui ont ces vices, il ne faut les appliquer qu'après la chambrière, et dans le milieu d'un partir de main.

L'aide de pincer délicat de l'éperon devient aussi châtiment pour certains chevaux qui sont très fins aux aides, et même si sensibles, qu'il faut se relâcher tout à fait et ne point se raidir sur eux ; car autrement ils feraient des pointes et des élans : ainsi le pincer, quelque délicat qu'il soit, produit le même effet sur ces sortes de chevaux et même un plus grand, que les coups d'éperons bien appliqués ne pourraient faire sur ceux qui n'ont qu'une sensibilité ordinaire.

Il faut bien connaître le naturel d'un cheval pour savoir faire un bon usage des châtiments, en les proportionnant à la faute qu'il fait, et à la manière dont il les reçoit, afin de les continuer, de les augmenter, de les diminuer, et même de les cesser, selon sa disposition et sa force ; et il ne faut pas prendre toutes les fautes qu'un cheval fait pour des vices puisque la plupart du temps elles viennent d'ignorance, et souvent de faiblesse.

On doit aider et châtier sans faire de grands mouvements; mais il faut beaucoup de subtilité et de diligence ; c'est dans le temps que la faute est commise qu'il faut employer les châtiments, autrement ils seraient plus dangereux qu'utiles; surtout il ne faut jamais châtier un cheval par humeur et en colère, mais toujours de sang froid : enfin l'on peut dire que le ménagement des aides et des châtiments est une des plus belles parties de l'homme de cheval.

CHAPITRE IX

DE LA NÉCESSITÉ DU TROT POUR ASSOUPLIR LES JEUNES CHEVAUX ET DE L'UTILITÉ DU PAS.

M. de La Prouc ne pouvait définir plus exactement un cheval bien dressé, qu'en disant que c'est celui qui a la souplesse, l'obéissance et la justesse ; car si un cheval n'a le corps entièrement libre et souple, il ne peut obéir aux volontés de l'homme avec facilité et avec grâce, et la souplesse produit nécessairement la docilité, parce que le cheval alors n'a aucune peine à exécuter ce qu'on lui demande : ce sont donc ces trois qualités essentielles qui font ce qu'on appelle un *cheval ajusté*.

La première de ces qualités ne s'acquiert que par le trot. C'est le sentiment général de tous les savants écuyers tant anciens que modernes ; et si parmi ces derniers quelques-uns ont voulu, sans aucun fondement, rejeter le trot, en cherchant dans un petit pas raccourci cette première souplesse et cette liberté, ils se sont trompés, car on ne peut les donner à un cheval qu'en mettant dans un grand mouvement tous les ressorts de sa machine : par ce raffinement on endort la nature, et l'obéis-

sance devient molle, languissante et tardive, qualités bien éloignées du vrai brillant qui fait l'ornement d'un cheval bien dressé.

C'est par le trot, qui est l'allure la plus naturelle,
qu'on rend un cheval léger à la main, sans lui gâter
la bouche, et qu'on lui dégourdit les membres, sans
les offenser ; parce que dans cette action, qui est la
plus relevée de toutes les allures naturelles, le
corps du cheval est également soutenu sur deux
jambes, l'une devant et l'autre derrière ; ce qui
donne aux deux autres, qui sont en l'air, la facilité
de se relever, de se soutenir, de s'étendre en avant,
et par conséquent un premier degré de souplesse
dans toutes les parties du corps.

Le trot est donc, sans contredit, la base de toutes
les leçons, pour parvenir à rendre un cheval adroit
et obéissant ; mais quoiqu'une chose soit excellente
dans son principe, il ne faut pas en abuser, en trottant un cheval des années entières, comme on faisait autrefois en Italie, et comme on fait encore
actuellement dans quelques pays, où la cavalerie
est d'ailleurs en grande réputation. La raison en
est bien simple : la perfection du trot provenant de
la force des membres, cette force et cette vigueur
naturelle, qu'il faut absolument conserver dans un
cheval, se perd et s'éteint dans l'accablement et la
lassitude, qui sont la suite d'une leçon trop violente
et trop longtemps continuée. Ce désordre arrive
encore à ceux qui font trotter de jeunes chevaux
dans des lieux raboteux et dans des terres labou-
rées, ce qui est la source des vessigons, des cour-
bes, des éparvins, et des autres maladies des jarrets,
accidents qui arrivent à de très braves chevaux, en

leur foulant les nerfs et les tendons, par l'impru-
dence de ceux qui se piquent de dompter un cheval
en peu de temps : c'est bien plutôt le ruiner que le
dompter.

La longe attachée au caveçon sur le nez du cheval, et la chambrière, sont les premiers et les seuls
instruments dont on doit se servir dans un terrain
uni, pour apprendre à trotter aux jeunes chevaux
qui n'ont point encore été montés, ou à ceux qui
l'ont déjà été, et qui pèchent par ignorance, par
malice ou par raideur.

Lorsqu'on fait trotter un jeune cheval à la longe,
il ne faut point dans les commencements lui mettre
de bride, mais un bridon, car un mors, quelque
doux qu'il soit, lui offenserait la bouche, dans les
faux mouvements et les contre-temps que font
ordinairement les jeunes chevaux avant qu'ils aient
acquis la première obéissance qu'on leur demande.

Je suppose donc qu'un cheval soit en âge d'être
monté, et qu'on l'ait rendu assez familier et assez
docile pour souffrir l'approche de l'homme, la selle
et l'embouchure ; il faudra alors lui mettre un caveçon sur le nez, le placer assez haut pour ne lui
point ôter la respiration en trottant, et la muserole
du caveçon assez serrée pour ne point varier sur le
nez. Il faut encore que le caveçon soit armé d'un
cuir, afin de conserver la peau du nez, qui est très
tendre dans les jeunes chevaux.

Deux personnes à pied doivent conduire cette
leçon : l'une tiendra la longe, et l'autre la chambrière. Celui qui tient la longe doit occuper le centre autour duquel on fait trotter le cheval, et celui
qui tient la chambrière suit le cheval par derrière,

et le chasse en avant avec cet instrument, en lui en donnant légèrement sur la croupe, et plus souvent par terre, car il faut bien ménager ce châtiment dans les commencements, de peur de rebuter un cheval qui n'y est point accoutumé. Quand il a obéi trois ou quatre tours à une main, on l'arrête et on le flatte, ce qui se fait en accourcissant peu à peu la longe, jusqu'à ce que le cheval soit arrivé au centre où est placé celui qui le conduit, et alors celui qui tient la chambrière la cache derrière lui pour l'ôter de la vue du cheval, et vient le flatter conjointement avec celui qui tient la longe.

Après lui avoir laissé reprendre haleine, il faudra le faire trotter à l'autre main, et observer la même pratique. Comme il arrive souvent qu'un cheval, soit par trop de gaieté, soit par la crainte de la chambrière, galope au lieu de trotter, ce qui ne vaut rien, il faudra tâcher de lui rompre le galop en secouant légèrement le caveçon sur le nez avec la longe, et en lui ôtant en même temps la crainte de la chambrière ; mais si au contraire il s'arrête de lui même, et refuse d'aller au trot, il faut lui appliquer de la chambrière sur la croupe et sur les fesses, jusqu'à ce qu'il aille en avant, sans pourtant le battre trop ; car les grands coups souvent réitérés désespèrent un cheval, le rendent vicieux, ennemi de l'homme et de l'école, lui ôtent cette gentillesse, qui ne revient jamais quand une fois elle est perdue. Il ne faut pas non plus, pour la même raison, faire de longues reprises, elles fatiguent et ennuient un cheval ; mais il faut le renvoyer à l'écurie avec la même gaieté qu'il en est sorti.

Quand le cheval commencera à trotter librement

à chaque main, et qu'on l'aura accoutumé à venir finir au centre, il faudra alors lui apprendre à changer de main ; et pour cela, celui qui tient la longe dans le temps que le cheval trotte à une main doit reculer deux ou trois pas en tirant à lui la tête du cheval ; en même temps celui qui tient la chambrière doit gagner l'épaule de dehors du cheval, pour le faire tourner à l'autre main, en lui montrant la chambrière, et même l'en frappant s'il refuse d'obéir, ensuite le finir au centre, l'arrêter, le flatter et le renvoyer.

Afin que la leçon du trot à la longe soit plus profitable, il faudra avoir l'attention de tirer la tête du cheval en dedans avec la longe, et de lui élargir en même temps la croupe avec la chambrière, c'est-à-dire la jeter dehors, en lui faisant faire un cercle plus grand que celui des épaules, ce qui donne la facilité à celui qui tient la longe d'attirer l'épaule de dehors du cheval en dedans, dont le mouvement circulaire qu'elle est obligée de faire dans cette posture assouplit un cheval.

Après avoir accoutumé le cheval à l'obéissance de cette première leçon, ce qu'il exécutera en peu de jours si l'on s'y prend de la manière que nous venons de l'expliquer, il faudra ensuite le monter en prenant toutes les précautions nécessaires pour le rendre doux au montoir. Le cavalier étant en selle tâchera de donner au cheval les premiers principes de la connaissance de la main et des jambes, ce qui se fait de cette manière : il tiendra les rênes du bridon séparées dans les deux mains, et quand il voudra faire marcher son cheval il baissera les deux mains, et en même temps il appro-

chera doucement près du ventre les deux gras de
jambes, sans avoir d'éperons (car il n'en faut point
dans ces commencements). Si le cheval ne répond
point à ces premières aides, ce qui ne manquera
pas d'arriver, ne les connaissant point, il faudra
alors lui faire peur de la chambrière, pour laquelle
il est accoutumé de fuir, en sorte qu'elle servira
de châtiment lorsque le cheval ne voudra pas aller
en avant pour les jambes du cavalier; mais il ne
faudra s'en servir que dans le temps que le cheval
refusera d'obéir aux mouvements des jarrets et
des gras de jambes.

De même, lorsqu'on veut apprendre au cheval à
tourner pour la main, il faut, dans le temps que le
cavalier tire la rêne de dedans du bridon, et que
le cheval refuse de tourner, que celui qui tient la
longe tire la tête et l'oblige de tourner, en sorte
qu'elle serve de moyen pour l'accoutumer à tourner
pour la main, comme la chambrière à fuir pour les
jambes, jusqu'à ce qu'enfin le cheval soit accoutumé
à suivre la main et à fuir les jambes du cavalier,
ce qui se fera en peu de temps si l'on emploie les
premières aides avec le jugement et la discrétion
qu'il faut avoir en commençant les jeunes chevaux;
car le manque de précautions dans ces commencements est la source de la plupart des vices et des
désordres dans lesquels tombent les chevaux par
la suite.

Lorsque le cheval commencera à obéir facilement et se déterminera sans hésiter, soit à tourner
pour la main, soit à aller en avant pour les jambes
et à changer de main, comme nous venons de l'enseigner, il faudra alors examiner de quelle nature

il est, pour proportionner son trot à sa disposition et à son courage.

Il y a en général deux sortes de nature de chevaux. Les uns retiennent leurs forces et sont ordinairement légers à la main ; les autres s'abandonnent et sont pour la plupart pesants ou tirent à la main.

Quant à ceux qui se retiennent naturellement, il faut les mener dans un trot étendu et hardi, pour leur dénouer les épaules et les hanches. A l'égard des autres, qui sont naturellement pesants, ou qui tirent à la main en tendant le nez, il faut que leur trot soit plus relevé et plus raccourci, afin de les préparer à se tenir ensemble. Mais les uns et les autres doivent être entretenus dans un trot égal et ferme, sans traîner les hanches, et il faut que la leçon soit soutenue avec la même vigueur du commencement jusqu'à la fin, sans pourtant que la reprise soit trop longue.

Ces premières leçons de trot ne doivent avoir pour but, ni de faire la bouche, ni d'assurer la tête du cheval ; il faut attendre qu'il soit dégourdi et qu'il ait acquis la facilité de tourner aisément aux deux mains : par ce moyen, on lui conservera la sensibilité de la bouche, et c'est pour cela que le bridon est excellent dans ces commencements, parce qu'il appuie très peu sur les barres, et point du tout sur la barbe, qui est une partie très délicate, et où réside, comme le dit fort bien M. le duc de Newcastle, le vrai sentiment de la bouche du cheval.

Lorsqu'il commencera à obéir à la main et aux jambes sans le secours de la longe ni de la chambrière, il faudra alors, et pas plus tôt, le mettre en liberté, c'est-à-dire sans longe et au pas sur une ligne droite, en le sortant du cercle pour l'aligner, c'est-à-dire lui apprendre à marcher droit et à connaître le terrain. Sitôt qu'il ira bien au pas sur les quatre lignes et les quatre coins du carré sur lequel on l'aura mené, il faudra ensuite, sur ces quatre mêmes lignes, le mener au trot, toujours les rênes du bridon séparées dans les deux mains, en sorte que de quatre petites reprises, qui sont suffisantes chaque jour et chaque fois qu'on monte un cheval, il faut en faire deux au pas, et les deux autres au trot alternativement, en finissant par le trot, parce qu'il n'y a que cette allure qui donne la première souplesse.

Si le cheval continue d'obéir facilement au pas et au trot avec le bridon, il faudra commencer à lui mettre une bride avec un mors à simple canon et une branche droite, qui est la première embouchure qu'on donne aux jeunes chevaux, comme nous l'avons expliqué dans la première partie.

Du pas.

Quoique je regarde le trot comme le fondement de la première liberté qu'on doit donner aux chevaux, je ne prétends pas pour cela exclure le pas, qui a aussi un mérite particulier.

Il y a deux sortes de pas : le pas de campagne et le pas d'école.

Nous avons donné la définition du pas de campagne dans le chapitre des mouvements naturels, et nous avons dit que c'est l'action la moins élevée

et la plus lente de toutes les allures naturelles, ce
qui rend cette allure douce et commode, parce
que dans cette action le cheval étendant ses jambes
en avant et près de terre, il ne secoue pas le cavalier comme dans les autres allures, où les mouvements étant relevés et détachés de terre, on est
continuellement occupé de sa posture, à moins
qu'on n'ait une grande pratique.

Le pas d'école est différent de celui de campagne,
en ce que l'action du premier est plus soutenue,
plus raccourcie et plus rassemblée, ce qui est d'un
grand secours pour faire la bouche à un cheval,
lui fortifier la mémoire, le rapatrier avec le cavalier, lui rendre supportables la douleur et la crainte
des leçons violentes qu'on est obligé de lui donner
pour l'assouplir et le confirmer à mesure qu'il
avance dans l'obéissance de la main et des jambes.
Voilà les avantages qu'on tire du pas d'école : ils
sont si grands, qu'il n'y a point de cheval, quelque
bien dressé qu'il soit, auquel cette leçon ne soit
très profitable.

Mais comme un jeune cheval, au sortir du trot,
où il a été tendu et allongé, ne peut pas sitôt être
raccourci dans une allure rassemblée, comme celle
du pas d'école, je n'entends pas non plus qu'on le
tienne dans cette sujétion avant qu'il ait été préparé par les arrêts et les demi-arrêts dont nous
parlerons dans le chapitre suivant.

C'est donc au pas lent et peu raccourci qu'il faut
mener un cheval qui commence à savoir trotter,
afin de lui donner de l'assurance et de la mémoire ;
mais afin qu'il conserve au pas la liberté des épaules, il faut le mener sur de fréquentes lignes droites,

en le tournant, tantôt à droite, tantôt à gauche, sur une nouvelle ligne plus ou moins longue, suivant qu'il se retient ou s'abandonne.

Il ne faut pas tourner tout le corps du cheval sur ces différentes lignes droites, mais seulement les épaules, en le faisant toujours marcher en avant, après l'avoir tourné. Cette manière de tourner les épaules au pas sur de fréquentes lignes droites aux deux mains indifféremment, sans aucune observation de terrain, que celle de tourner et aller droit suivant la volonté du cavalier, est bien meilleure que celle de mener un cheval sur un cercle, parce que suivant cette méthode on tient toujours les hanches sur la ligne des épaules, et sur la ligne du cercle le cheval est couché et hors de la ligne droite. Il faut pourtant revenir au cercle lorsque le cheval se raidit, s'endurcit, ou se défend à une main : c'est le seul remède, aussi le regardé-je comme un châtiment, et c'est pour cela que je conseille de remettre à la longe tout cheval qui se défend dans les commencements qu'on le dresse.

Quoique la leçon de mener un cheval sur de de nouvelles et fréquentes lignes droites soit excellente pour apprendre à un cheval à tourner avec facilité, il faut, quand il sera obéissant à cette leçon, et qu'on en voudra faire un cheval de promenade, le mener sur une longue et seule ligne droite, afin de lui donner un pas étendu et allongé, le tournant seulement de temps en temps pour lui conserver l'obéissance de la main et la souplesse des épaules, mais il faut pour cela le mener hors du manège.

Si l'on s'aperçoit que le pas soit contraire au naturel d'un cheval paresseux et endormi, parce qu'il

ne sera point encore assez assoupli, il faudra le remettre au trot vigoureux et hardi, et même le
châtier des éperons et de la cravache, jusqu'à ce
qu'enfin il prenne un pas sensible et animé.

CHAPITRE X

DE L'ARRÊT, DU DEMI-ARRÊT ET DU RECULER.

Après avoir démontré, dans le chapitre précédent, que le trot est le seul moyen de donner aux
jeunes chevaux la première souplesse dont ils ont
besoin pour se disposer à l'obéissance, il faut passer à une autre leçon qui n'est pas moins utile,
puisqu'elle consiste à les préparer à se mettre sur
les hanches pour les rendre agréables et légers.

On appelle un cheval sur les hanches celui qui
baisse et plie les hanches sous lui en avançant les
pieds de derrière et les jarrets sous le ventre, pour
se donner sur les hanches un équilibre naturel qui
contrebalance le devant, qui est la partie la plus
faible : duquel équilibre naît l'agrément et la légèreté de la bouche du cheval.

Il faut remarquer qu'un cheval, en marchant,
est naturellement porté à se servir de la force de
ses reins, de ses hanches et de ses jarrets pour
pousser tout son corps en avant, en sorte que ses
épaules et ses bras étant occupés à soutenir cette
action, il se trouve nécessairement sur les épaules,
et par conséquent pesant à la main.

Pour mettre un cheval sur les hanches et lui ôter
le défaut d'être sur les épaules, les hommes de

cheval ont trouvé un remède dans les leçons, qui sont l'arrêt, le demi-arrêt et le reculer.

De l'arrêt.

L'arrêt est l'effet que produit l'action que l'on fait en retenant, avec la main de la bride, la tête du cheval et les autres parties de l'avant-main, et en chassant en même temps délicatement les hanches avec les gras de jambes, en sorte que tout le corps du cheval se soutienne dans l'équilibre, en demeurant sur ses jambes et sur ses pieds de derrière. Cette action, qui est très utile pour rendre un cheval léger à la main et agréable au cavalier, est bien plus difficile pour le cheval que celle de tourner, qui lui est plus naturelle.

Pour bien marquer un arrêt, le cheval doit être un peu animé auparavant, et dans le temps qu'on sent qu'il va plus vite que la cadence de son train, il faut, en le secourant délicatement des gras de jambes, mettre les épaules un peu en arrière et tenir la bride de plus ferme en plus ferme, jusqu'à ce que l'arrêt soit formé, c'est-à-dire jusqu'à ce que le cheval soit arrêté tout à fait. En mettant le corps en arrière, on doit serrer un peu les coudes près du corps, afin d'avoir plus d'assurance dans la main de la bride : il est nécessaire aussi que le cheval se tienne droit à l'arrêt, afin que cette action se fasse sur les hanches, car si l'une des deux jambes de derrière sort de la ligne des épaules, le cheval se traversant dans cette action, il ne peut être sur les hanches.

Les avantages qu'on tire d'un arrêt bien fait sont de rassembler les forces d'un cheval, de lui assurer

la bouche, la tête, les hanches et de le rendre léger
à la main. Mais autant les arrêts sont bons lorsqu'ils sont faits à propos, autant ils sont pernicieux
lorsqu'on les fait à contre-temps. Pour savoir les
placer, il faut consulter la nature du cheval ; car les
meilleures leçons, qui n'ont été inventées que pour
perfectionner cette nature, feraient un effet contraire, si on en abusait en les pratiquant mal à propos.

A la première apparence de légèreté pour le trot
et de facilité pour tourner aux deux mains, on
commence à marquer des arrêts à un cheval, mais
rarement d'abord, en le retenant petit à petit et
doucement, car par un arrêt fait brusquement et
tout à coup, comme si d'un seul temps on le plantait
sur le cul, on affaiblirait les reins et les jarrets
d'un cheval ; on pourrait même estropier pour toujours un jeune cheval qui n'a pas pris encore toute
sa force.

Outre les jeunes chevaux, qu'il ne faut jamais
presser ni arrêter trop rudement, il y en a encore
d'autres avec lesquels il faut bien ménager l'arrêt,
soit par défaut de construction ou par faiblesse naturelle, ce que nous allons examiner.

1° Comme la tête est la première partie qu'on
doit ramener à l'arrêt, si le cheval a la ganache
trop étroite, il soutiendra difficilement cette action : de même si l'encolure est mal faite, renversée, ce qu'on appelle *encolure de cerf*, il s'armera,
et l'arrêt deviendra dur et courbé : si les pieds sont
faibles ou douloureux, il fuira l'arrêt, et il sera encore plus abandonné sur le devant et sur l'appui
de la bride que si la faiblesse venait des jambes,
des épaules ou des hanches.

2° Les chevaux longs de corsage et sensibles sont ordinairement faibles de reins, et forment par conséquent de mauvais arrêts, par la difficulté qu'ils ont de rassembler leurs forces pour se ramener sur les hanches, ce qui cause en eux plusieurs désordres, parce que, ou ils refusent de reprendre en avant après l'arrêt, ou ils vont une espèce de traquenard ou aubin, ou bien, s'ils obéissent, ils s'abandonnent sur la main pour fuir la sujétion d'un nouvel arrêt.

3° Les chevaux ensellés, qui ont le dos faible et enfoncé, placent avec peine leur tête à l'arrêt, parce que la force de la nuque du cou dépend de celle des reins ; et quand un cheval souffre quelque douleur dans ces parties, il le témoigne par une action désagréable de la tête.

4° Les chevaux trop sensibles, impatients et colères, sont ennemis de la moindre sujétion, par conséquent de l'arrêt ; et ils ont ordinairement la bouche dure et fausse, parce que l'impatience et la fougue leur ôtent la mémoire et le sentiment de la bouche, et rendent utiles les effets de la main et des jambes.

5° Enfin il y a des chevaux qui, quoique faibles, s'arrêtent tout court pour éviter l'arrêt du cavalier, et comme ils appréhendent la surprise, ils ne veulent point repartir après ; d'autres de même nature, forcent la main quand ils s'aperçoivent qu'on veut les arrêter. Les uns et les autres doivent être arrêtés rarement, et quand ils ne s'y attendent pas.

L'arrêt n'est donc bon que pour les chevaux qui ont de bons reins, et assez de vigueur dans les hanches et dans les jarrets pour soutenir cette action.

L'arrêt au trot doit se faire en un seul temps, les
pieds de derrière droits, en sorte que l'un n'avance
pas plus que l'autre, et sans traverser, ce qui fait
appuyer le cheval également sur les hanches ; mais
au galop, dont l'action est plus étendue que celle
du trot, il faut arrêter un cheval en deux ou trois
temps, quand les pieds de devant retombent à terre,
afin qu'en se relevant il se trouve sur les hanches
et pour cela, en retenant la main, on l'aide un peu
des jarrets ou des gras de jambes, pour le faire fal-
quer ou couler les hanches sous lui.

Il faut remarquer que les chevaux aveugles s'arrêtent plus facilement que les autres, par l'appréhension qu'ils ont de faire un faux pas.

Du demi-arrêt.

Le demi-arrêt est l'action que l'on fait en retenant la main de la bride près de soi, les ongles un
peu en haut, sans arrêter tout à fait le cheval, mais
seulement en retenant et soutenant le devant, lorsqu'il s'appuie sur le mors, ou bien lorsqu'on veut le
ramener ou le rassembler.

Nous avons dit ci-dessus que l'arrêt ne convenait
qu'à un très petit nombre de chevaux, parce qu'il
s'en trouve très peu qui aient assez de force dans
les reins et dans les jarrets pour soutenir cette
action ; car il faut remarquer que la plus grande
preuve qu'un cheval puisse donner de ses forces et
de son obéissance, c'est de former un arrêt ferme
et léger après une course de vitesse, ce qui est rare
à trouver, parce que, pour passer si vite d'une extrémité à l'autre, il faut qu'il ait la bouche et les
hanches excellentes ; et comme ces arrêts violents

peuvent gâter et rebuter un cheval, on ne les pratique que pour l'éprouver.

Il n'en est pas de même du demi-arrêt dans lequel on tient un cheval seulement un peu plus sujet de la main, sans l'arrêter tout à fait. Cette action ne donne pas tant d'appréhension au cheval, et lui assure la tête et les hanches avec moins de sujétion que l'arrêt ; c'est pour cela qu'il est beaucoup plus utile pour lui faire la bouche et le rendre plus léger. On peut le répéter souvent sans rompre l'allure du cheval ; et comme, par cette aide, on lui ramène et on lui soutient le devant, on l'oblige par conséquent en même temps de baisser les hanches.

Le demi-arrêt convient donc à toutes sortes de chevaux, mais il y a de certaines natures sur lesquelles il faut les ménager. Quand, par exemple, un cheval se retient de lui-même, on ne lui marque des demi-arrêts que lorsqu'on veut lui donner de l'appui ; et de peur qu'il ne s'arrête tout à fait à ce mouvement, on le secourt des jarrets, des gras de jambes, et quelquefois même des éperons, suivant qu'il se retient plus ou moins ; mais s'il s'appuie trop sur la main, les demi-arrêts doivent être plus fréquents, et marqués seulement de la main de la bride, sans aucune aide des jarrets ni des jambes ; il faut au contraire lâcher les cuisses, autrement il s'abandonnerait davantage sur le devant.

Lorsqu'en marquant un arrêt ou un demi-arrêt, le cheval continue de s'appuyer sur le mors, de tirer à la main, et quelquefois même de la forcer en allant en avant malgré le cavalier, il faut alors, après l'avoir arrêté, le reculer pour le châtier de cette désobéissance.

Du reculer.

La situation de la main de la bride pour reculer un cheval est la même que celle de l'arrêt, en sorte que pour accoutumer un cheval à reculer facilement, il faut, après l'avoir arrêté, retenir la bride les ongles en haut, comme si l'on voulait marquer un nouvel arrêt; et lorsqu'il obéit, c'est-à-dire qu'il recule un ou deux pas, il faut lui rendre la main, afin que les esprits qui causent le sentiment reviennent sur les barres, autrement on endormirait et on rendrait insensible cette partie, et le cheval, au lieu d'obéir et de reculer, forcerait la main, ou ferait une pointe.

Quoique le reculer soit un châtiment pour un cheval qui n'obéit pas bien à l'arrêt, c'est encore un moyen pour le disposer à se mettre sur les hanches, pour lui ajuster les pieds de derrière, lui assurer la tête, et le rendre léger à la main.

Lorsqu'un cheval recule, une de ses jambes de derrière est toujours sous le ventre, il pousse la croupe en arrière, et il est dans chaque mouvement, tantôt sur une hanche, tantôt sur l'autre; mais il ne peut bien faire cette action, et on ne doit la lui demander que lorsqu'il commence à s'assouplir et obéir à l'arrêt, parce que les épaules étant libres, on a plus de facilité pour tirer le devant à soi que si elles étaient engourdies; et comme cette leçon fait de la douleur aux reins et aux jarrets, il faut dans les commencements en user modérément.

Quand un cheval s'obstine à ne vouloir point reculer, ce qui arrive à presque tous les chevaux qui n'ont point encore pratiqué cette leçon, un homme à pied lui donne légèrement de la pointe

de la gaule sur les genoux et sur les boulets, qui
sont les deux jointures de la jambe, pour la lui
faire plier ; et.dans le même temps le cavalier tire
à soi la main de la bride, et sitôt qu'il obéit un seul
pas en arrière, il faut le flatter et le caresser, pour
lui faire connaître que c'est ce qu'on lui demande.
Après avoir fait reculer un cheval difficile, et l'avoir
flatté, on doit ensuite le tenir un peu sujet de la
main, comme si on voulait le reculer de nouveau,
et lorsqu'on sent qu'il baisse les hanches pour se
préparer à reculer, il faut l'arrêter et le flatter
pour cette action, par laquelle il témoigne qu'il
reculera bientôt au gré du cavalier.

Pour reculer un cheval dans les règles, il faut,
chaque pas qu'il fait en arrière, le tenir prêt à
reprendre en avant ; car c'est un grand défaut que
de reculer trop vite ; le cheval, précipitant ainsi ses
forces en arrière, pourrait s'acculer, et même faire
une pointe, en danger de se renverser, surtout s'il
a les reins faibles. Il faut encore qu'il recule droit
sans se traverser, afin de plier les deux hanches
également sous lui en reculant.

Lorsqu'un cheval commence à reculer facilement,
la meilleure leçon qu'on puisse lui donner pour le
rendre léger à la main, c'est de ne reculer que les
épaules, c'est-à-dire ramener doucement le devant
à soi, comme si on voulait le reculer ; et lorsqu'on
sent qu'il va reculer, il faut lui rendre la main, et
remarcher un ou deux pas en avant.

Après avoir arrêté ou reculé un cheval, il faut
lui tirer doucement la tête en dedans pour faire
jouer le mors dans la bouche, ce qui fait plaisir au
cheval, et l'accoutume à se plier du côté qu'il va.

CHAPITRE XI

DE L'ÉPAULE EN DEDANS.

Nous avons dit ci-devant que le trot est le fondement de la première souplesse et de la première
obéissance que l'on doit donner aux chevaux, et ce
principe est généralement reçu de tous les habiles
écuyers; mais ce même trot, soit sur une ligne
droite, soit sur des cercles, ne donne à l'épaule et à
la jambe du cheval qu'un mouvement en avant,
lorsqu'il marche sur la ligne droite; et un peu circulaire de la jambe et de l'épaule de dehors, lorsqu'il va sur le cercle; mais il ne donne pas une démarche assez croisée d'une jambe par-dessus l'autre,
qui est l'action que doit faire un cheval dressé,
connaissant les talons, c'est-à-dire qui va librement
de côté aux deux mains.

Pour bien concevoir ceci, il faut faire attention
que les épaules et les jambes d'un cheval ont quatre
mouvements. Le premier est celui de l'épaule en
avant, quand il marche droit devant lui. Le
deuxième mouvement est celui de l'épaule en arrière, quand il recule. Le troisième mouvement,
c'est lorsqu'il lève la jambe et l'épaule dans une
place, sans avancer ni reculer, qui est l'action du
piaffer; et le quatrième est le mouvement circulaire et croisé que doivent faire l'épaule et la jambe
du cheval, lorsqu'il tourne étroit ou qu'il va de
côté.

Les trois premiers mouvements s'acquièrent facilement par le trot, l'arrêt et le reculer; mais le

dernier mouvement est le plus difficile, parce que dans cette action le cheval étant obligé de croiser et de chevaler la jambe de dehors par-dessus celle de dedans, si dans ce mouvement le passage de la jambe n'est pas avancé ni circulaire, le cheval s'attrape la jambe qui pose à terre, et sur laquelle il s'appuie, et la douleur du coup peut lui donner une atteinte, ou du moins lui faire faire une fausse position : ce qui arrive souvent aux chevaux qui ne sont pas assez souples des épaules. La difficulté de trouver des règles certaines, pour donner à l'épaule et à la jambe la facilité de ce mouvement circulaire d'une jambe par-dessus l'autre, a toujours embarrassé les écuyers, parce que sans cette perfection un cheval ne peut tourner facilement, ni fuir les talons de bonne grâce.

Afin de bien approfondir la leçon de l'épaule en dedans, qui est la plus difficile et la plus utile de toutes celles qu'on doit employer pour assouplir les chevaux, il faut examiner ce qu'ont dit M. de La Broue et M. le duc de Newcastle, au sujet du cercle, qui, selon le dernier, est le seul moyen d'assouplir parfaitement les épaules d'un cheval.

« M. de La Broue dit que toutes les humeurs et complexions des chevaux ne sont pas propres à cette sujétion extraordinaire, de toujours tourner sur des cercles pour les assouplir ; et leurs forces n'étant pas capables de fournir tant de tours tout d'une haleine, ils se rebutent et se roidissent de plus en plus, au lieu de s'assouplir. »

M. le duc de Newcastle s'explique ainsi :

« La tête dedans, la croupe dehors sur un cercle, met d'abord un cheval sur le devant ; il prend de

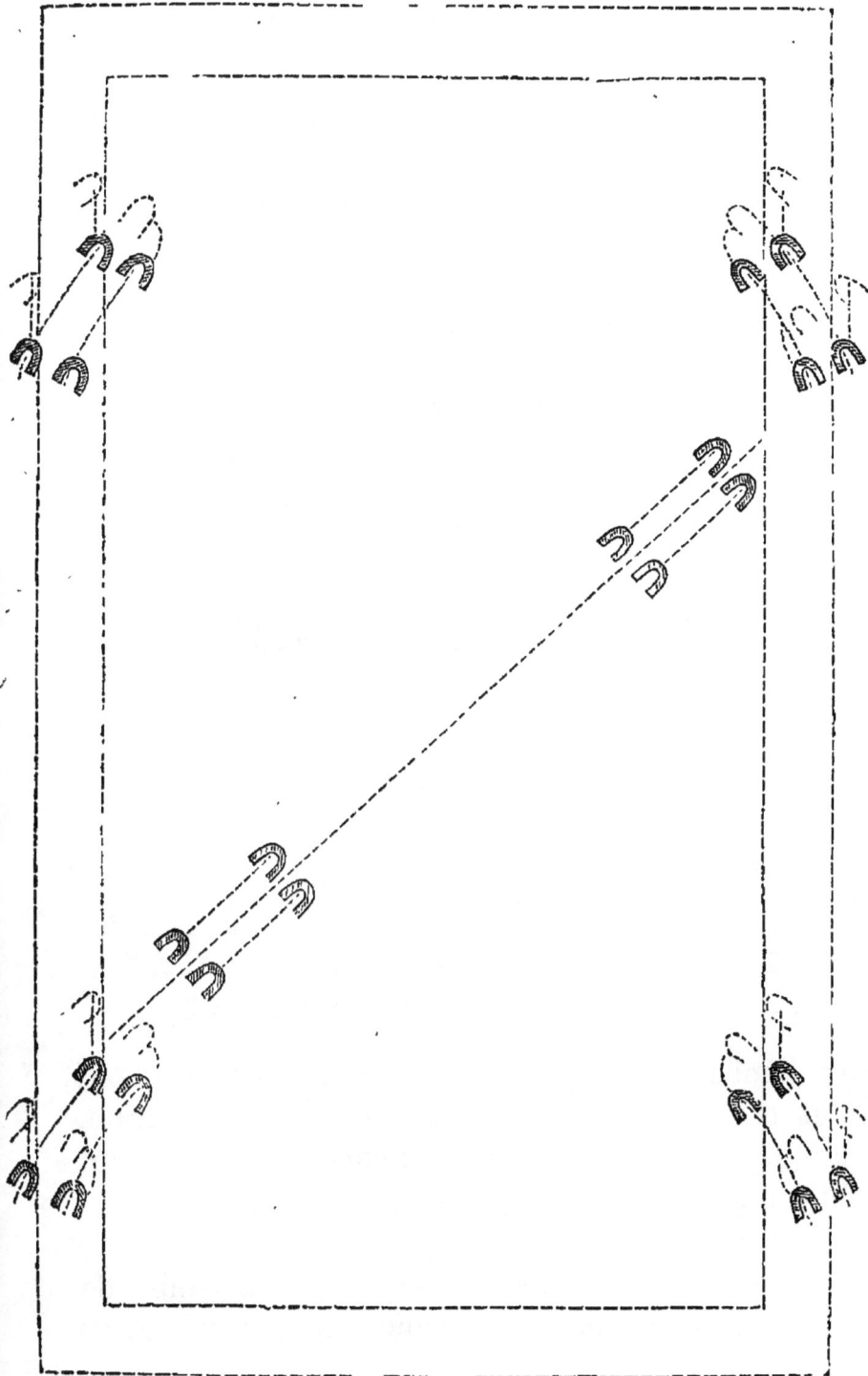

L'épaule en dedans.

l'appui, et s'assouplit extrêmement les épaules, etc.

« Trotter et galoper la tête dedans, la croupe de-hors, fait aller tout le devant vers le centre, et le derrière s'en éloigne, étant plus pressé des épaules que de la croupe.

« Tout ce qui chemine sur un grand cercle tra-vaille davantage, parce qu'il fait plus de chemin que tout ce qui chemine sur un plus petit cercle, ayant plus de mouvements à faire, et il faut que

les jambes soient plus en liberté ; les autres sont plus contraintes et sujettes dans le petit cercle, parce qu'elles portent tout le corps, et celles qui font le plus grand cercle sont plus longtemps en l'air qu'elles.

« L'épaule ne peut s'assouplir, si la jambe de derrière de dedans n'est avancée et approchée, en travaillant, de la jambe de derrière de dehors. »

L'on voit par le propre raisonnement de ces deux grands hommes que l'un et l'autre ont admis le cercle ; mais M. de La Broue ne s'en sert pas toujours, et il préfère souvent le carré.

Pour M. le duc de Newcastle, dont le cercle est la façon favorite, il convient lui-même des inconvénients qui s'y trouvent, quand il dit que dans le cercle la tête dedans, la croupe dehors, les parties de devant sont plus sujettes et plus contraintes que celles de derrière, et que cette leçon met un cheval sur le devant.

Cet aveu, que l'expérience confirme, prouve évidemment que le cercle n'est pas le vrai moyen d'assouplir parfaitement les épaules, puisqu'une chose contrainte et appesantie par son propre poids ne peut être légère ; mais une grande vérité, que cet illustre auteur admet, c'est que l'épaule ne peut s'assouplir, si la jambe de derrière de dedans n'est avancée et approchée en marchant de la jambe de derrière de dehors ; et c'est cette judicieuse remarque qui m'a fait chercher et trouver la leçon de l'épaule en dedans, dont nous allons donner l'explication.

Lors donc qu'un cheval saura trotter librement aux deux mains sur le cercle et sur la ligne droite ; qu'il saura sur les mêmes lignes marcher un pas tranquille et égal, et qu'on l'aura accoutumé à former des arrêts et demi-arrêts, et à porter la tête en dedans, il faudra alors le mener au petit pas lent et peu raccourci le long de la muraille, et le placer de manière que les hanches décrivent une ligne, et les épaules une autre. La ligne des hanches doit être

près de la muraille, et celle des épaules détachée et
éloignée du mur, environ un pied et demi ou deux,
en le tenant plié à la main où il va. C'est-à-dire, pour
m'expliquer plus familièrement, qu'au lieu de tenir
un cheval tout à fait droit d'épaules et de hanches
sur la ligne droite le long du mur, il faut lui tourner la tête et les épaules un peu en dedans, vers le
centre du manège, comme si effectivement on voulait le tourner tout à fait; et lorsqu'il est dans cette
posture oblique et circulaire, il faut le faire marcher en avant le long du mur, en l'aidant de la rêne
et de la jambe de dedans, ce qu'il ne peut absolument faire dans cette attitude, sans croiser ni chevaler la jambe de dedans par-dessus celle de dehors
et de même la jambe de derrière de dedans par-dessus celle de derrière de dehors, comme il est aisé de
le voir dans la figure de l'épaule en dedans, qui accompagne ce chapitre, et dans le plan de terre de
la même leçon, qui rendront la chose encore plus
sensible.

Cette leçon produit tant de bons effets à la fois,
que je la regarde comme la première et la dernière
de toutes celles qu'on peut donner au cheval, pour
lui faire prendre une entière souplesse, et une par-
faite liberté dans toutes ses parties. Cela est si
vrai, qu'un cheval qui aura été assoupli suivant ce
principe, et gâté après, ou à l'école, ou par quelque ignorant, si un homme de cheval le remet pendant quelques jours à cette leçon, il le trouvera
aussi souple et aussi aisé qu'auparavant.

Premièrement, cette leçon assouplit les épaules,
parce que la jambe de devant de dedans, croisant et
chevalant à chaque pas que le cheval fait dans cette

attitude, en avant par-dessus celle de dehors, et le
pied de dedans allant se poser au dessus du pied de
dehors, et sur la ligne même de ce pied, le mouvement auquel l'épaule est obligée dans cette action
fait agir nécessairement les ressorts de cette partie,
ce qui est facile à concevoir.

2° L'épaule en dedans prépare un cheval à se
mettre sur les hanches, parce qu'à chaque pas qu'il
fait dans cette posture, il porte en avant sous le
ventre la jambe de derrière de dedans, et va la pla_
cer au-dessus de celle de derrière de dehors, ce
qu'il ne peut faire sans baisser la hanche : il est
donc toujours sur une hanche à une main, et par
conséquent il apprend à plier les jarrets sous lui;
c'est ce qu'on appelle être sur les hanches.

3° Cette même leçon dispose un cheval à fuir les
talons, parce qu'à chaque mouvement, étant obligé
de croiser et de passer les jambes l'une par-dessus
l'autre, tant celles de devant que celles de derrière,
il acquiert, par là, la facilité de bien chevaler les
bras et les jambes aux deux mains, ce qu'il faut
qu'il fasse, pour aller librement de côté. En sorte
que lorsqu'on mène un cheval l'épaule en dedans à
main droite, on le prépare à fuir les talons à main
gauche, parce que c'est l'épaule droite qui s'assouplit dans cette posture ; et lorsqu'on lui met l'épaule
en dedans à main gauche, c'est l'épaule gauche
qui s'assouplit, et qui le prépare à bien passer la
jambe gauche pour aller facilement de côté à main
droite.

Pour changer de main dans la leçon de l'épaule
en dedans, par exemple, de droite à gauche, il faut
conserver le pli de la tête et du cou, et en quit-

tant le mur, faire marcher le cheval droit d'épaules
et de hanches sur une ligne oblique, jusqu'à ce
qu'il soit arrivé dans cette posture sur la ligne de
l'autre muraille ; et là il faudra lui placer la tête
gauche et les épaules en dedans, et détachées de la
ligne de la muraille, en l'élargissant et lui faisant
croiser les jambes de dedans à cette main par-dessus celles de dehors, le long du mur, de la même
manière que nous venons de l'expliquer pour la
droite.

Comme le cheval manquera dans l'exécution des
premières leçons de l'épaule en dedans, soit en mettant la croupe trop en dedans, soit au contraire en
tournant trop les épaules en devant et en quittant
la ligne de la muraille, pour éviter la sujétion de
passer et de croiser ses jambes dans une posture
qui lui tient tous les muscles dans une continuelle
contraction, ce qui gêne, quand il n'y est pas accoutumé, le cercle alors doit servir de remède à
ses défenses. On le mènera donc au petit pas sur
un cercle large, et on lui dérobera de temps en
temps des pas croisés des jambes de dedans, par-
dessus celles de dehors ; en sorte qu'en élargissant
le cercle de plus en plus, insensiblement on arrivera sur la ligne de la muraille, et le cheval se
trouvera dans la posture de l'épaule en dedans ; et
dans cette attitude on lui fera faire quelques pas
en avant le long du mur ; ensuite on l'arrêtera, on
lui pliera le cou et la tête en faisant jouer le mors
dans la bouche avec la rêne de dedans ; on le flat-
tera et on le renverra.

S'il arrive qu'un cheval se retienne et qu'il se
défende par malice, ne voulant point se rendre à la

sujétion de cette leçon, il faudra la quitter pour quelque temps, et revenir au premier principe du trot étendu et hardi, tant pour la ligne droite que sur des cercles, et lorsqu'il obéira on le remettra au pas, l'épaule en dedans sur la ligne de la muraille; et s'il va bien quelques pas, il faut l'arrêter, le flatter et le descendre.

Lorsque le cheval commencera à obéir aux deux mains à la leçon de l'épaule en dedans, on lui apprendra à bien prendre les coins, ce qui est le plus difficile de cette leçon. Pour cela il faudra à chaque coin, c'est-à-dire au bout de chaque ligne droite, faire entrer les épaules dans le coin, lui conservant la tête placée en dedans; et dans le temps qu'on tourne les épaules sur l'autre ligne, il faut faire passer les hanches à leur tour dans le coin par où les épaules ont passé. C'est avec la rêne de dedans et la jambe de dedans qu'on porte le cheval en avant dans les coins; mais dans le temps qu'on le trouve sur l'autre ligne, il faut que ce soit avec la rêne de dehors, en portant la main en dedans, et prendre le temps qu'il ait la jambe de dedans en l'air et prête à retomber, afin qu'en tournant la main dans ce temps-là, l'épaule de dehors puisse passer par-dessus celle de dedans; et comme l'aide de tourner est une espèce de demi-arrêt, il faut, en tournant la main, le chasser un peu en avant avec le gras de jambes. Si le cheval refuse de passer la croupe dans les coins, en se tenant large de derrière, et en se cramponnant sur la jambe de dedans (défense la plus ordinaire des chevaux), il faudra pincer du talon de dedans en même temps qu'on tournera les épaules sur l'autre ligne. Voilà, selon moi, ce qu'on

appelle *prendre les coins* et non pas comme font la
plupart des cavaliers, qui se contentent de faire
entrer la tête et les épaules dans le coin, et négligent d'y passer la croupe ; de manière que le cheval
tourne tout d'une pièce, au lieu qu'en y faisant
passer les hanches après les épaules, le cheval
dans ce passage d'épaules et de hanches s'assouplit
non seulement ces deux parties, mais encore les
côtés, dont la souplesse augmente beaucoup l'agilité
des ressorts du reste de son corps.

Si l'on examine la structure et la mécanique du
cheval, on sera aisément persuadé de l'utilité de
l'épaule en dedans : et l'on conviendra que les rai-
sons que j'apporte pour autoriser ce principe sont
tirées de la nature même, qui ne se dément jamais,
quand on ne la contraint pas au delà de ses forces.
Et en même temps, si l'on fait attention à l'action
des jambes du cheval qui va sur un cercle la tête
dedans, la croupe dehors, il sera aisé de concevoir
que ce sont les hanches qui acquièrent cette souplesse
que l'on prétend donner aux épaules par le moyen
du cercle, puisqu'il est certain que la partie qui
fait un plus grand mouvement est celle qui s'assouplit le plus. J'admets donc le cercle, pour donner
aux chevaux la première souplesse, et aussi pour
châtier et corriger ceux qui se défendent par malice,
en mettant la croupe dedans malgré le cavalier ;
mais je regarde ensuite l'épaule en dedans comme
une leçon indispensable pour achever d'assouplir
les épaules, et leur donner la facilité de passer
librement les jambes l'une par-dessus l'autre, qui
est une perfection que doivent avoir tous les chevaux qu'on appelle bien mis et bien dressés.

La croupe au mur.

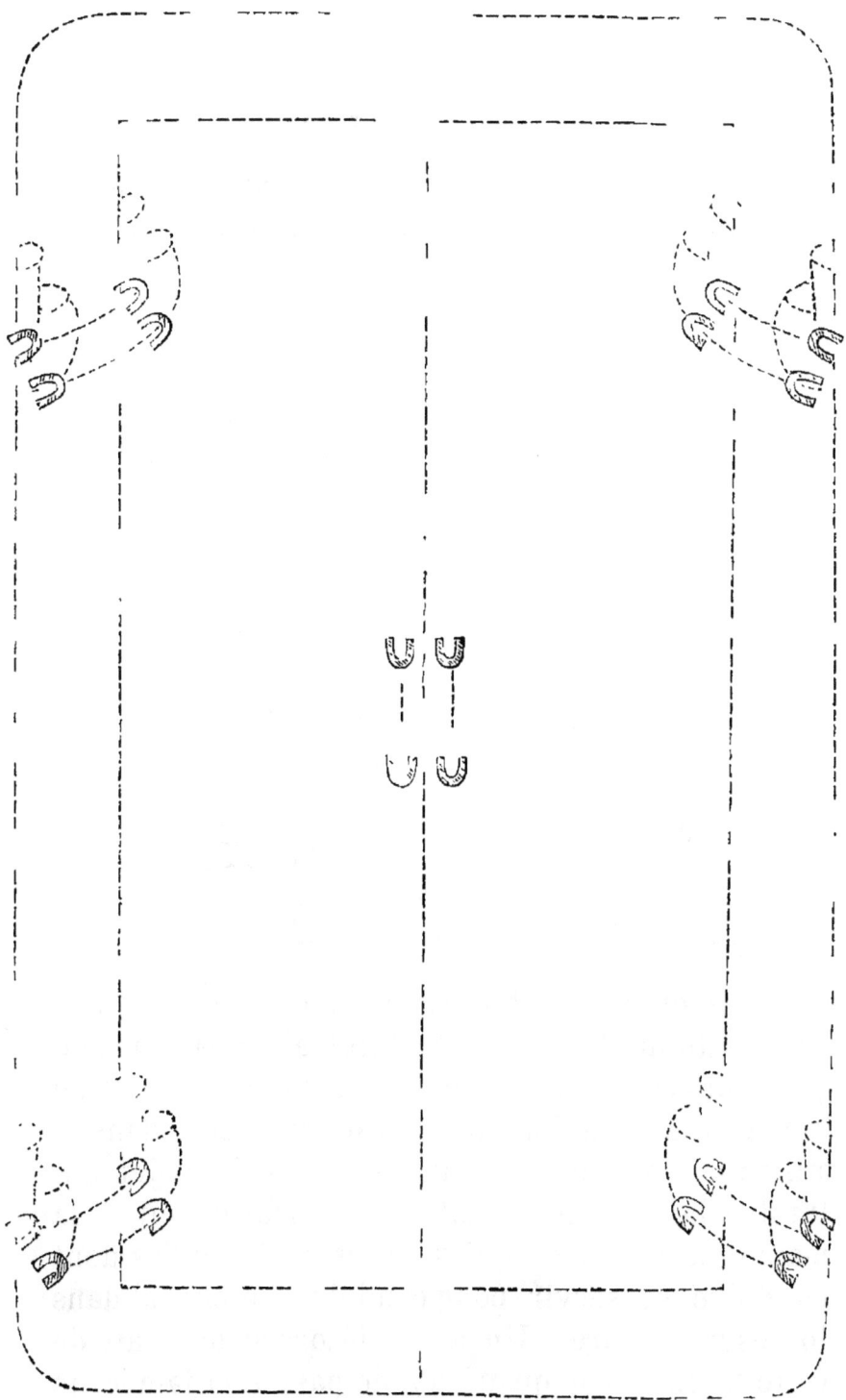

CHAPITRE XII

DE LA CROUPE AU MUR.

Ceux qui mettent la tête d'un cheval vis à-vis du mur, pour lui apprendre à aller de côté, tombent

dans une erreur dont il est facile de faire voir l'abus. Cette méthode le fait plutôt aller par routine que pour la main et les jambes ; et lorsqu'on l'ôte de la muraille, et qu'on veut le ranger de côté dans le milieu du manège, n'ayant plus alors d'objet qui lui fixe la vue, il n'obéit qu'imparfaitement à la main et aux jambes, qui sont les seuls guides dont on doive se servir pour conduire un cheval dans toutes ses allures. Un autre désordre qui naît de cette leçon, c'est qu'au lieu de passer la jambe de dehors par-dessus celle de dedans, souvent il la passe par-dessous, dans la crainte de s'attraper avec le fer la jambe qui est à terre, ou de se heurter le genou contre le mur, dans le temps qu'il lève la jambe et qu'il la porte en avant pour la passer par-dessus l'autre.

M. de La Broue est de ce sentiment, quand il conseille de ne se servir de la muraille, pour faire fuir les talons aux chevaux, que pour ceux qui pèsent ou qui tirent à la main; et bien loin de leur placer la tête si près du mur, il dit qu'il faut tenir le cheval deux pas en deçà de la muraille; ce qui fait environ cinq pieds de distance de la tête du cheval au mur.

Je ne vois donc pas pourquoi tant de cavaliers, pour faire connaître les talons à un cheval, lui mettent la tête au mur, en le forçant d'aller de côté avec la jambe, l'éperon, et même la chambrière, qu'ils font tenir par un homme à pied. Il est bien plus sensé, selon moi, pour éviter cet embarras et les désordres qui peuvent en arriver, de lui mettre la croupe au mur. Cette leçon est tirée de l'épaule en dedans.

Nous avons dit dans le chapitre précédent, qu'en menant un cheval l'épaule en dedans à main droite, on lui assouplissait l'épaule droite, ce qui donne la facilité à la jambe droite, lorsqu'il va de côté à main gauche; et de même, en le travaillant l'épaule en dedans à gauche, c'est l'épaule de ce côté qui s'assouplit, et qui donne à la même jambe le mouvement qu'elle doit avoir pour chevaler librement par-dessus la droite, lorsqu'on mène un cheval de côté à main droite. Suivant ce principe, qui est

incontestable, il est aisé de convertir l'épaule en
dedans en croupe au mur. On s'y prend de cette
manière.

Lorsqu'un cheval est obéissant aux deux mains
à la leçon de l'épaule en dedans, et qu'il sait par
conséquent passer librement les jambes de dedans
par-dessus celles de dehors, il faut, en le travaillant
par exemple à droite, après l'avoir tourné dans le
coin à un des bouts du manège, l'y arrêter, la croupe
vis-à-vis, et environ à deux pieds de distance de la
muraille, de peur qu'il ne se frotte la queue contre
le mur; et au lieu de continuer d'aller en avant,
il faut le retenir de la main et le presser de la
jambe gauche, pour lui dérober quelque temps de
côté sur le talon droit, et s'il obéit deux ou trois pas,
l'arrêter et le flatter, pour lui faire connaître que
c'est là ce qu'on lui demande.

Comme la nouveauté de cette leçon embarrasse
un cheval les premiers jours qu'on la lui fait pratiquer, il faut, dans les commencements, le mener
les rênes séparées et très doucement, afin de pouvoir mieux retenir les épaules et ne point chercher
à le plier, mais lui donner seulement une simple
détermination pour aller de côté, sans observer de
justesse. Sitôt qu'il fuira la jambe deux ou trois
pas sans hésiter, il faudra l'arrêter un peu de
temps, le flatter, et reprendre ensuite de côté, en
continuant toujours de l'arrêter et de le flatter
pour le peu qu'il obéisse, jusqu'à ce qu'enfin il soit
arrivé dans cette posture au bout de la ligne le
long du mur et à l'autre point du manège. Après
l'avoir laissé reposer quelque temps dans la place
où il a fini, on revient ensuite a gauche sur la

même ligne, en se servant de la jambe droite pour
le faire aller de côté, et observer la même attention, qui est de le flatter dès qu'il aura obéi trois
ou quatre pas de bonne volonté, et continuer ainsi
jusqu'à ce qu'il soit arrivé au coin d'où l'on est
parti d'abord.

Si le cheval refuse absolument de fuir les talons
à l'une des deux mains, c'est une preuve qu'il n'a
pas été assez assoupli à l'autre main, et alors il
faut le mettre l'épaule en dedans ; c'est-à-dire, que
si le cheval refuse, par exemple, de fuir le talon
gauche, la croupe au mur, qui est l'aide qu'on donne
pour aller de côté à droite, il le faut remettre l'é-
paule en dedans à gauche, jusqu'à ce qu'il passe
facilement la jambe gauche par-dessus la droite ;
et afin qu'il se trouve, sans s'en apercevoir, aller
de côté la croupe au mur à droite, qui est la main
où nous supposons qu'il est rebelle, on lui tourne la
tête et les épaules de plus en plus en dedans,
jusqu'à ce qu'elles soient vis-à-vis de la croupe :
alors en lui plaçant la tête droite, et en continuant
de lui faire fuir la jambe gauche, comme s'il allait
toujours l'épaule en dedans à gauche, il se trouvera
aller de côté à droite. De même si le cheval refuse
de fuir le talon droit, qui est aller de côté à gau-
ché, il faudra le mener l'épaule en dedans à droite,
et insensiblement en tournant les épaules fort en
dedans, et jusqu'à ce qu'elles se trouvent vis-à-vis
la croupe, le cheval se trouvera fuir le talon, et
aller par conséquent de côté à main gauche.

Suivant ce que nous venons d'expliquer, il est
aisé de remarquer que ce qu'on appelle épaule en
dedans à une main, devient épaule de dehors, lors-

qu'on met la croupe au mur, parce la même épaule continue son mouvement, quoique le cheval aille à l'autre main. Mais comme dans la posture de la croupe au mur, le cheval allant de côté, doit être presque droit d'épaules et de hanches, l'action de l'épaule est alors plus circulaire, et par conséquent le mouvement est plus pénible et plus difficile à faire au cheval, que celui qu'il fait l'épaule en dedans. Un peu d'attention fera aisément concevoir cette différence, et prouvera en même temps évidemment qu'un des avantages de l'épaule en dedans, est d'apprendre à un cheval à bien passer et à chevaler librement ses jambes l'une par-dessus l'autre, et que c'est un remède à toutes les fautes qu'il peut faire quand on lui apprend à fuir les talons.

Lorsque le cheval commence à obéir et à aller librement de côté aux deux mains la croupe au mur, il faut le placer dans la posture où il doit être pour fuir les talons avec grâce, ce qui se fait en observant trois choses essentielles.

La première, c'est de faire marcher les épaules avant les hanches, autrement le mouvement circulaire de la jambe et de l'épaule de dehors, qui fait voir la grâce et la souplesse de cette partie, ne se trouverait plus. Il faut tout au moins que la moitié des épaules marche en avant la croupe; en sorte que (supposant, par exemple, qu'on aille à droite) la position du pied droit de derrière soit sur la ligne du pied gauche de devant, comme on le peut voir dans le plan de terre. Car si la croupe marche avant les épaules, le cheval est entablé, et la jambe derderrière de dedans, marchant et se plaçant plus avant que celle de devant du même côté, rend le cheval plus large du derrière que du devant, et par conséquent sur les jarrets ; car pour être sur les hanches, un cheval en marchant doit être étréci de derrière.

La seconde attention qu'on doit avoir, lorsqu'un cheval commence à aller librement de côté la croupe au mur, c'est de le plier à la main où il va. Un beau pli donne de la grâce à un cheval, lui attire l'épaule du dehors et en rend l'action libre et avancée. Pour l'accoutumer à se plier à la main où il va, il faut à la fin de chaque ligne de la croupe au mur, après l'avoir arrêté, lui tirer la tête avec la rêne de dedans, en faisant jouer le mors dans la bouche ; et lorsqu'il cède à ce mouvement, le flatter avec la main du côté qu'on l'a plié. On doit observer la même chose en finissant à l'autre main sur l'autre talon, et par ce moyen le cheval prendra peu à peu l'habitude de marcher plié, et de regarder son chemin en allant de côté.

La troisième chose qu'on doit encore observer dans cette leçon, c'est de faire en sorte que le cheval décrive les deux lignes ; savoir, celle des épaules et celle des hanches, sans avancer ni reculer, en sorte qu'elles soient parallèles. Comme cela vient en partie du naturel du cheval, il arrive ordinairement que ceux qui sont pesants ou qui tirent à la main, sortent de la ligne en allant trop en avant ; c'est pourquoi il faut retenir ceux-ci de la main de la bride, sans aider de jambes. Il faut au contraire chasser en avant ceux qui ont la mauvaise habitude de se retenir et de s'acculer, en se servant des jarrets, des gras des jambes, et quelquefois même des éperons, suivant qu'ils se retiennent plus ou moins. Avec ces précautions, on maintiendra les uns et les autres dans l'ordre et dans l'obéissance de la main et des jambes.

De peur qu'un cheval, en allant de côté, ne tombe dans le défaut de se traverser et de pousser ou de se jeter sur un talon ou sur l'autre, malgré l'aide du cavalier, il faut, à la fin de chaque reprise, le mener droit dans les talons d'une piste, sur la ligne du milieu de la place : on lui apprend aussi sur la même ligne à reculer droit dans la balance des talons.

Quoique la leçon de l'épaule en dedans et celle de la croupe au mur, et qui doivent être inséparables, soient excellentes pour donner à un cheval la souplesse, le beau pli, et la belle posture dans laquelle un cheval doit aller pour manier avec grâce et avec légèreté, il ne faut pas pour cela abandonner la leçon du trot sur la ligne droite et sur les cercles : ce sont les premiers principes auxquels il faut toujours revenir pour l'entretenir et le confirmer dans une action hardie et soutenue d'épaules et de hanches. Par ce moyen, on divertit un cheval et on le délasse de la sujétion dans laquelle on est obligé de le tenir lorsqu'il est dans l'attitude de l'épaule en dedans et de la croupe au mur. Voici l'ordre qu'il faut observer pour mettre à profit ces leçons.

De trois petites reprises que l'on fera chaque jour, et chaque fois que l'on montera un cheval qui sera avancé au point d'exécuter ce que nous avons dit dans ce chapitre, la première doit se faire au pas, l'épaule en dedans, et, après deux changements de main qui doivent se faire d'une piste (car il ne faut point encore aller de côté), on lui met la croupe au mur aux deux mains, et on le finit droit et d'une piste au pas sur la ligne du milieu du manège. La deuxième reprise doit se faire au trot hardi soutenu et d'une piste, et on finit dans la même action sur la ligne du milieu de la place, sans lui mettre la croupe au mur. A la troisième et dernière reprise, il faut le remettre l'épaule en dedans au pas, ensuite la croupe au mur, et toujours le finir droit par le milieu. En mariant ainsi ces trois leçons d'épaule en dedans, de trot et de croupe au mur, on verra venir de jour en jour et augmenter la souplesse et l'obéissance d'un cheval, qui sont, comme nous l'avons dit, les deux premières qualités qu'il doit avoir pour être dressé.

CHAPITRE XIII

DE L'UTILITÉ DES PILIERS.

Un savant écuyer a dit avec raison, que les piliers donnent de l'esprit au chevaux, parce que la crainte du châtiment réveille et tient dans une action brillante ceux qui sont endormis et paresseux ; mais les piliers ont encore l'avantage d'apaiser ceux qui sont d'un naturel fougueux et colère, parce que l'action du piaffer, qui est un mouvement écouté, soutenu, relevé et suivi, les oblige de prêter attention à ce qu'ils font : c'est pourquoi je regarde les piliers comme un moyen non seulement de découvrir la ressource, la vigueur, la gentillesse, la légéreté et la disposition d'un cheval, mais encore comme un moyen de donner ces dernières qualités à ceux qui en sont privés.

La première attention qu'on doit avoir dans les commencements, en mettant un cheval dans les piliers, c'est d'attacher les cordes du caveçon égales et courtes, de façon que les épaules du cheval soient de niveau avec les piliers, et qu'il n'y ait que la tête et l'encolure qui soient au-delà : par ce moyen il ne pourra passer la croupe par-dessous les cordes du caveçon, ce qui arrive quelquefois. Il faut ensuite se placer avec la chambrière derrière la croupe, et assez éloigné pour n'être point à portée d'être frappé ; le faire ensuite ranger à droite et à gauche en donnant de la chambrière par terre, et quelquefois légèrement sur la fesse. Cette manière de faire ranger un cheval de côté et d'autre, lui apprend à passer les jambes, le débrouille et lui donne la crainte du châtiment. Quand il obéira à cette aide, il faudra le chasser en avant, et dans le temps qu'il donne dans les cordes, l'arrêter et le flatter, pour lui faire connaître que c'est là ce qu'on lui demande, et il ne faut point lui demander autre chose, jusqu'à ce qu'il soit confirmé dans l'obéissance de se ranger à droite et à gauche, et d'aller en avant pour la chambrière, suivant la volonté du cavalier.

Pour l'accoutumer à piaffer ainsi sans l'aide de la chambrière ni de la voix, on lui laissera finir sa cadence de lui-même, en demeurant derrière lui comme immobile, sans faire aucun mouvement, ni appeler de la langue, jusqu'à ce qu'il ait cessé tout à fait, et justement quand il cesse d'aller, il faut lui appliquer de la chambrière vivement sur la croupe et sur les fesses : ce châtiment met toute la nature en mouvement, et tient le cheval dans la crainte, de manière que quand il sera accoutumé à cette leçon, on pourra rester derrière lui autant de temps qu'on le jugera à propos, sans l'aider, et il continuera de piaffer. Quand on voudra l'arrêter, on l'avertira de la voix, en l'accoutumant au terme de *holà*, et on se retirera de derrière la croupe, on ira le flatter, et on le renverra ; mais cette leçon ne doit se pratiquer que lorsqu'un cheval commence à bien connaître ce qu'on lui demande, qu'il ne se traverse plus et ne se défend plus.

CHAPITRE XIV

DU PASSAGE.

Après avoir donné à un cheval la première souplesse par le moyen du trot d'une piste, sur la ligne droite et sur les cercles, l'avoir arrondi et lui avoir appris à passer ses jambes dans la posture circulaire de l'épaule en dedans, l'avoir rendu obéissant aux talons la croupe au mur, et rassemblé au piaffer dans les piliers, lesquelles leçons renferment la souplesse et l'obéissance, qui sont, comme nous l'avons dit, les deux premières qualités qu'on doit donner à un cheval pour le dresser ; après cela, dis-je, il faut songer à l'ajuster, c'est-à-dire le régler et le faire manier juste dans l'air où sa disposition permettra qu'on le mette.

Le passage est la première allure qui regarde la justesse. Nous en avons donné la définition dans le chapitre des allures artificielles, et nous avons dit que c'est un trot ou un pas raccourci, mesuré et cadencé ; que dans ce mouvement le cheval doit soutenir les jambes qui sont en l'air, l'une devant, l'autre derrière, croisées et opposées comme au trot, mais beaucoup plus raccourci, plus soutenu et plus écouté que le trot ordinaire, et qu'il ne doit pas avancer ni poser la jambe qui est en l'air, plus d'un pied au-delà de celle qui est à terre, à chaque pas qu'il fait. Cette allure qui rend un cheval patient et lui fortifie la mémoire, est très noble et fait beaucoup paraître un officier un jour de revue ou de parade. L'action du cheval au passage est la même qu'au piaffer, en sorte que pour avoir une idée juste de l'un et de l'autre, il faut regarder le piaffer comme un passage dans une place, sans avancer ni reculer, et le passage est, pour ainsi dire, un piaffer, dans lequel le cheval avance environ d'un pied à chaque mouvement.

CHAPITRE XV

DES CHANGEMENTS DE MAIN ET DE LA MANIÈRE DE DOUBLER.

Ce qu'on appelle communément changement de main, est la ligne que décrit un cheval lorsqu'il va de droite à gauche ou de gauche à droite ; et comme cette leçon est en partie fondée sur la manière de doubler, nous expliquerons d'abord ce que c'est que faire doubler un cheval.

Le manège regardé comme le lieu où l'on exerce les chevaux, doit être un carré long ; et la division

de ce carré en plusieurs autres plus ou moins larges, forme ce qu'on appelle doubler large et doubler
étroit.

Cette façon de doubler, soit large, soit étroit,
suivant la volonté du cavalier, rend le cheval attentif aux aides et prompt à obéir à la main et
aux jambes, mais le difficile de cette action est de
tourner les épaules au bout de la ligne du carré,
sans que la croupe se dérange. Il faut pour cela, en
tournant, au bout de chaque ligne du carré, former
un quart de cercle avec les épaules, et que les hanches demeurent dans la même place. Dans cette action la jambe de derrière de dedans doit rester dans
une place, et les trois autres jambes, savoir : les
deux de devant, et la jambe de derrière de dehors,
tournent circulairement autour de celle de derrière
de dedans qui sert comme de pivot. Lorsque les
épaules sont arrivées sur la ligne des hanches, on
continue de passager droit dans les talons, jusqu'à
l'autre coin du carré, et cette leçon se répète au
bout de chaque ligne, excepté dans les coins où les
angles du carré sont formés par la rencontre des
deux murailles. Alors ce sont les hanches qui doivent suivre les épaules par où elles ont passé, c'est-
à-dire par l'angle du coin, et cela dans le temps
qu'on tourne les épaules sur l'autre ligne.

Dans le mouvement que le cheval fait en galopant,
les jambes de devant se trouvant éloignées de celles
de derrière, les reins qui sont la partie supérieure
du corps, sont nécessairement contraints de se baisser dans cette action, ce qui, par conséquent, diminue la force de cette partie : ceci doit s'entendre
du galop étendu qui est propre à ces sortes de che-

vaux, car le galop rassemblé leur donnerait occasion de continuer leurs désordres.

C'est une règle pratiquée par tous les habiles
maîtres, qu'il ne faut jamais galoper un cheval sans
l'avoir assoupli au trot, de façon qu'il se présente
de lui-même au galop, sans peser ni tirer à la main;
il faut donc attendre qu'il soit souple de tout son
corps, qu'il soit arrondi l'épaule en dedans, qu'il
obéisse aux talons au passage de la croupe au mur,
et qu'il soit devenu léger au piaffer dans les piliers;
et sitôt qu'il sera parvenu à ce point d'obéissance,
pour le peu qu'on l'ébranle au galop, il le fera avec
plaisir. Il faudra le galoper dans la posture de
l'épaule en dedans, non seulement pour le rendre
plus libre et plus obéissant, mais pour lui ôter la
mauvaise habitude qu'ont presque tous les chevaux,
de galoper la jambe de dedans de derrière ouverte,
écartée, et hors de la ligne de la jambe de dedans
de devant. Ce défaut est d'autant plus considérable,
qu'il incommode fort un cavalier, et le place mal à
son aise, comme il est facile de le remarquer dans
la plupart de ceux qui galopent, par exemple sur le
pied droit, qui est la manière de galoper les chevaux de chasse et de campagne, on verra qu'ils ont
presque tous l'épaule gauche reculée, et qu'ils sont
penchés à gauche : la raison en est naturelle ; c'est
que le cheval en galopant la jambe droite de derrière ouverte et écartée de la gauche, l'os de la
hanche dans cette situation pousse et jette nécessairement le cavalier en dehors et le place de tra-
vers. C'est donc pour remédier à ce défaut qu'il
faut galoper un cheval l'épaule en dedans, pour lu
apprendre à approcher la jambe de derrière de

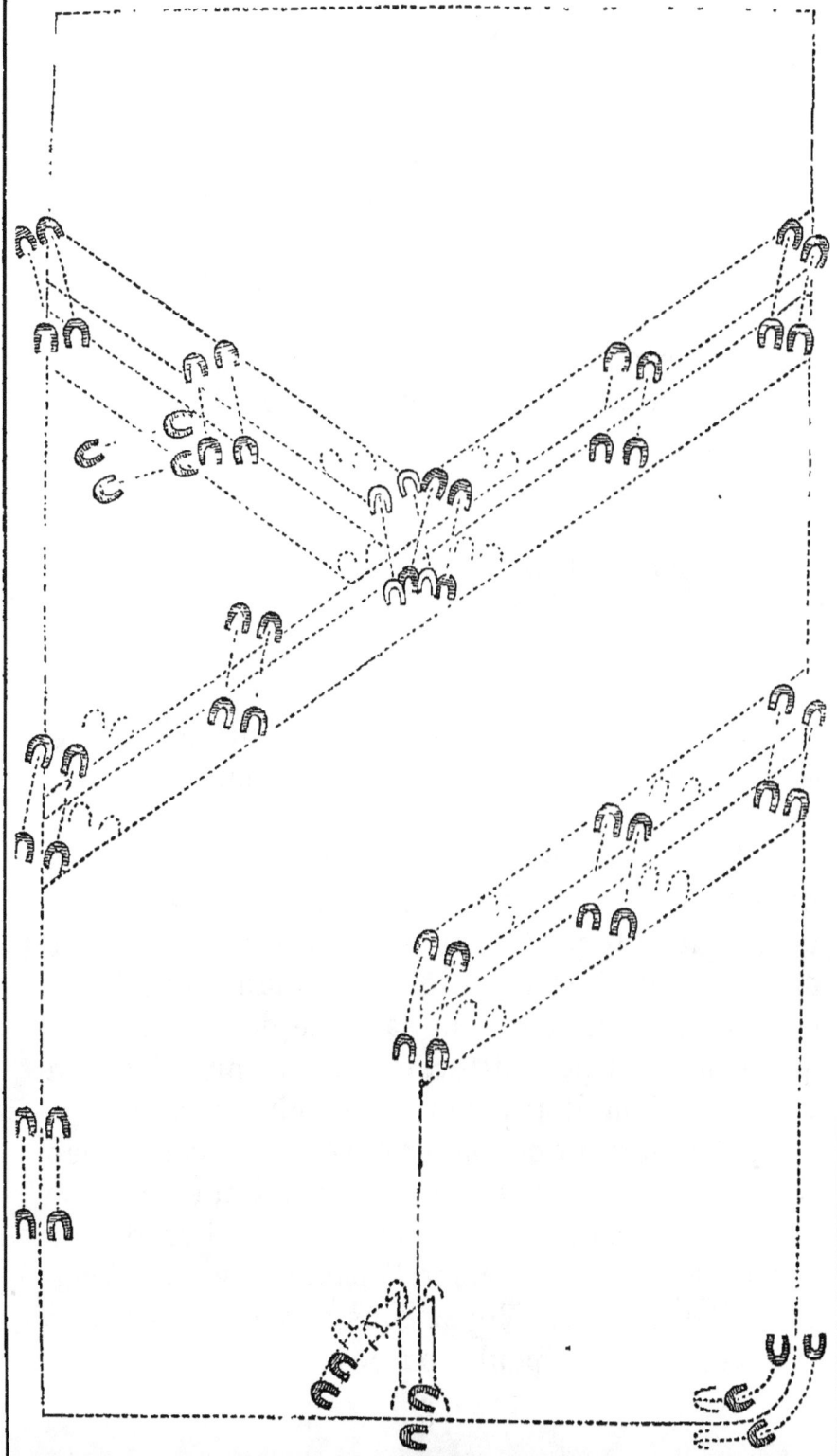

Changement de main.

de dedans de celle de dehors, et lui faire baisser la hanche; et lorsqu'il a été assoupli et rompu dans cette posture, il lui est aisé de galoper ensuite les hanches unies et sur la ligne des épaules, en sorte que le derrière chasse le devant, ce qui est le vrai et le beau galop.

Un autre défaut qu'ont beaucoup de cavaliers, c'est qu'ils ne s'attachent point dans les commencements à sentir le galop, ce qui est pourtant une chose essentielle; c'est pour cela que j'ai jugé à propos d'enseigner ici un moyen de le sentir en peu temps; je le tiens d'un ancien écuyer qui était en grande réputation pour les chevaux de course.

Ce moyen est de prendre un cheval de campagne qui aille un pas allongé et étendu, et de s'attacher à sentir cette position des pieds de devant. Pour sentir cette position, il est nécessaire de regarder dans les commencements le mouvement de l'épaule pour voir quel pied pose à terre et quel pied lève ; en comptant ce mouvement dans sa tête, et en disant: un, deux, par exemple, lorsque le pied gauche de devant se pose à terre, il faut en soi-même dire un, et quand le pied droit se pose à son tour, il faut dire deux, et ainsi de suite en comptant : un, deux, oblique, pour arriver sur la ligne de la muraille que l'on vient de quitter, et on continue d'aller à la main où l'on était avant que de changer.

Le changement de main renversé se commence comme le contre-changement de main, et dans le milieu de la seconde ligne oblique, au lieu d'aller jusqu'au mur, on renverse l'épaule pour se retrouver à l'autre main. Voyez dans le plan de terre, le renversement d'épaule où le cheval se trouve à

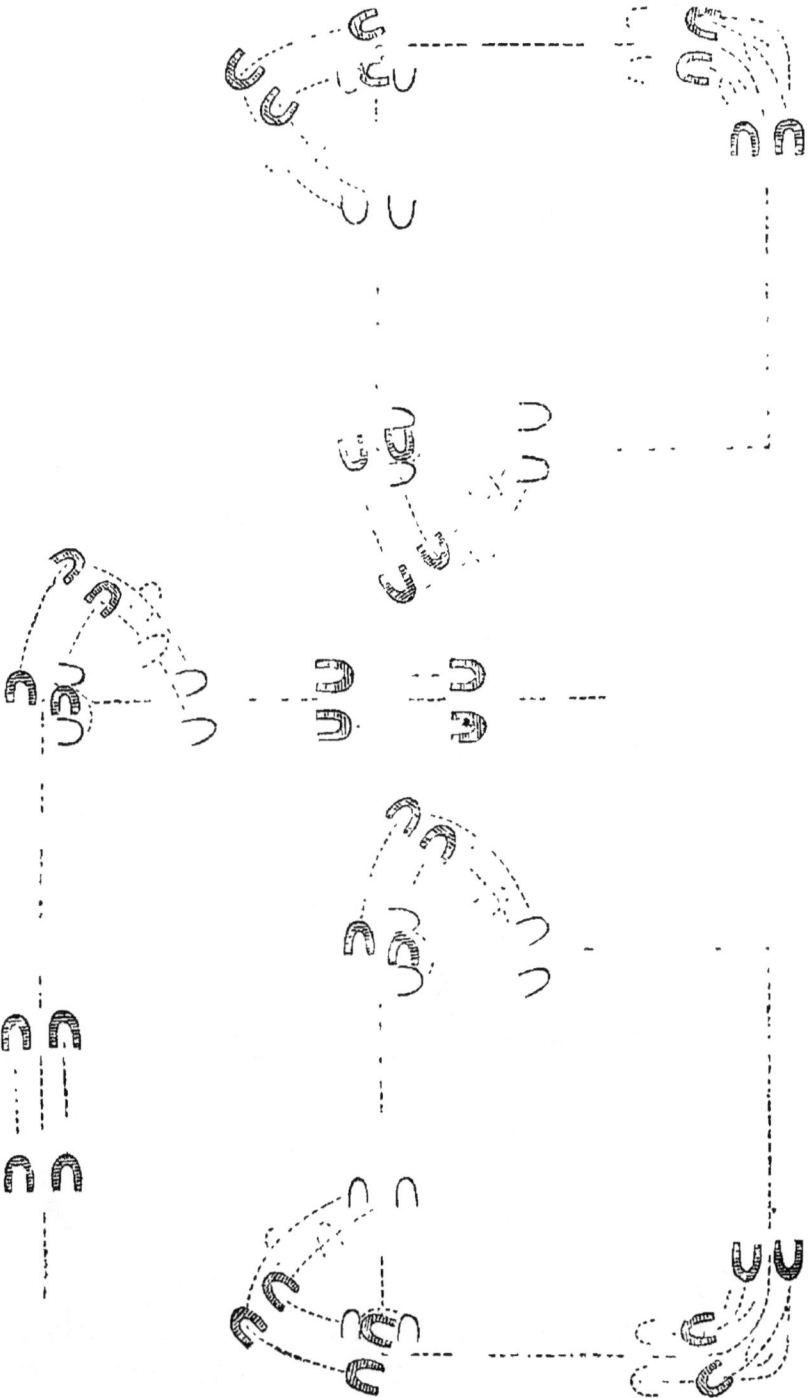

Le doubler.

gauche en arrivant à la muraille d'où il est parti à droite.

Tous ces différents manèges de changements de main, contre-changements et renversements d'épaules, sont faits pour empêcher les chevaux d'aller par routine : c'est le défaut de ceux qui manient plus de mémoire que pour la main et les jambes.

CHAPITRE XVI

DU GALOP.

Comme nous avons donné dans le chapitre des allures naturelles, la définition des différents mouvements que le cheval fait en galopant, soit à droite, soit à gauche, lorsqu'il est faux et désuni, il nous reste à parler ici des propriétés du galop, de la manière de le sentir, et des règles qu'il faut observer pour bien galoper un cheval.

On tire du galop trois avantages considérables, qui sont : d'assurer la bouche trop sensible, d'augmenter l'haleine, et d'abaisser la vigueur superflue d'un cheval qui a trop de rein.

Tous les hommes de cheval conviennent que le galop donne de l'appui et assure les bouches sensibles, parce que dans l'action que le cheval fait en galopant, il lève les deux épaules et les deux bras en l'air, et les pieds de devant retombant ensemble à terre après ce mouvement, le cheval est naturellement porté à prendre de l'appui sur le mors, et le cavalier a le temps de lui faire sentir dans ce moment l'effet de la bride.

Le galop augmente l'haleine, parce que le cheval étant obligé d'étendre toutes les parties de son corps pour mieux distribuer ses forces, les muscles de la poitrine se dilatent, et les poumons se remplissent d'une plus grande quantité d'air, ce qui procure une respiration plus libre.

Le galop diminue et abaisse la vigueur superflue de certains chevaux, qui se servent de leurs reins pour des sauts désunis et des contre-temps qui incommodent et dérangent un cavalier, parce que c'est du carré dans les quatre coins et dans le milieu du manège qu'on tire toutes les proportions qui s'observent dans les manèges bien réglés, et qui servent à garder l'ordre qu'il faut tenir dans les changements de main larges et étroits, dans les voltes et dans les demi-voltes ; car, quoique quelques hommes de cheval négligent cette régularité, il n'est pas à propos de les imiter dans une pratique contraire à la justesse.

Il y a des changements de main larges, et des changements de main étroits, des contre-changements de main, et des changements de main renversés.

Le changement de main large, est le chemin que décrit le cheval d'une muraille à l'autre, soit d'une piste, soit de deux pistes, sur une ligne oblique.

Les deux lignes du changement de main large de deux pistes, dans le plan de terre, donneront l'idée de la proportion qu'on doit observer pour changer large.

Il est à remarquer que lorsqu'on change de main de côté de deux pistes, la tête et les épaules doivent marcher les premières, et dans la même posture qu'à la croupe au mur, avec cette différence pourtant que, dans le changement de main, le cheval doit marcher en avant à chaque pas qu'il fait, ce qui donne beaucoup de liberté à l'épaule de dehors; et tient le cheval dans une continuelle obéissance pour la main et pour les jambes.

Le changement de main étroit se prend depuis la première ligne du doubler étroit, et va se terminer à la muraille sur une ligne parallèle à celle du changement de main large, comme on le voit au plan. Quelques cavaliers confondent mal à propos la demi-volte avec le changement de main étroit.

A la fin de chaque changement de main, soit large, soit étroit, il faut que les épaules et les hanches arrivent ensemble, ce qu'on appelle *former le changement de main*, en sorte que les quatre jambes du cheval se trouvent sur la ligne de la muraille,

avant que de reprendre à l'autre main. On n'a représenté ici que la main droite, parce qu'il est aisé
de se figurer les mêmes lignes pour la gauche.

Le contre-changement de main est composé de
deux lignes. La première est le commencement
d'un changement de main large, et, lorsque le cheval
est arrivé au milieu de la place, au lieu de continuer d'aller à la même main, il faut marcher droit
en avant deux ou trois pas : et après lui avoir placé
la tête à l'autre main, on le ramène sur une ligne

Ce n'est pas une chose bien difficile, que de compter à la vue cette position de pieds ; mais l'essentiel
est de faire passer ce sentiment dans les cuisses et dans les jarrets, en sorte que l'impression
que fait par exemple, le pied gauche lorsqu'il se
pose à terre, passe dans le jarret gauche, sans plus
regarder le mouvement de l'épaule, en comptant
toujours comme on l'a fait, en le regardant, un, et
de même lorsque le pied droit se pose, il faut, sans
regarder le mouvement de la jambe, dire deux.
Avec un peu d'attention, en observant cette méthode, on sentira en peu de temps dans ses jarrets,
quel pied pose et quel pied lève ; et quand on sera
bien sûr de ce mouvement au pas, il faudra pratiquer la même chose au trot, qui est un mouvement
plus détaché de terre, plus vite, et par conséquent
plus difficile à sentir ; c'est pourquoi il faut dans
cette allure commencer par regarder le mouvement de l'épaule, pour être sûr de sa position, et
faire passer ce sentiment dans les jarrets, comme
on a fait au pas.

Lorsqu'on sentira bien au trot la position des
pieds de devant, sans regarder l'épaule, on le sen-

tira en peu de temps au galop, parce que la position des pieds de devant au galop se fait en deux temps, comme au trot : un, deux.

Quand on sera sûr de son galop, il sera facile de sentir quand il se désunira ; car un cheval désuni a l'allure si incommode, que pour peu qu'on soit bien en selle, il faudrait être privé de tout sentiment, pour ne pas sentir le dérangement que cause ce changement déréglé dans son assiette.

Quoique ce soit une chose qui mérite plus d'attention que de science, que de sentir bien son galop, elle est pourtant absolument nécessaire à savoir, pour mener un cheval en règles ; et tout cavalier qui ne sent pas le galop du cheval, ne peut jamais passer pour un homme de cheval.

M. de La Broue dit que le beau galop doit être raccourci du devant, et diligent des hanches. Cette définition regarde le galop de manège dont nous parlons ici ; car pour celui de chasse ou de campagne, dont nous parlerons dans le chapitre des chevaux de chasse, il doit être étendu. Cette diligence dans le train de derrière, qui forme la vraie cadence du galop, ne s'acquiert que par les envies d'aller, les demi-arrêts et les fréquentes descentes de main. Les envies d'aller déterminent un cheval plus vite que sa cadence ordinaire, le demi-arrêt soutient le devant du cheval après l'avoir déterminé quelques pas, et la descente de main est la récompense qui doit suivre immédiatement après l'obéissance du cheval, et qui l'empêche de prendre la mauvaise habitude de s'appliquer sur le mors.

Lorsqu'un cheval prend facilement l'envie d'aller, qu'il est assuré et obéissant à la main au demi-ar-

rêt, et qu'il ne met point la tête en désordre dans
la descente de main, il faut alors le régler dans un
galop uni, qui est celui dans lequel le derrière
chasse et accompagne le devant d'une cadence
égale, sans traîner les hanches; et que l'envie d'aller et les demi-arrêts soient, pour ainsi dire, im-
perceptibles, et ne soient sensibles qu'au cheval.

Pour parvenir à donner ce galop cadencé et uni,
il faut examiner soigneusement la nature de chaque
cheval, afin de pouvoir dispenser à propos les leçons
qui lui conviennent.

Les chevaux qui retiennent leurs forces doivent
être étendus et déterminés sur de longues lignes
droites, avant que de régler leur galop; ceux, au
contraire, qui ont trop d'ardeur, doivent être tenus
dans un galop lent et raccourci, qui leur ôte l'envie
de se hâter trop, ce qui, en même-temps, augmen-
tera leur haleine.

Il ne faut pas toujours galoper sur des lignes
droites, mais souvent sur des cercles, les chevaux
qui ont trop de rein, parce qu'étant obligés de tenir
leurs forces plus unies pour tourner que pour aller
droit, cette action leur diminue la force des reins,
leur occupe la mémoire et la vue, leur ôte la fougue
et l'envie de tirer à la main.

Il y a d'autres chevaux qui, avec assez de rein,
ont de la faiblesse, ou ressentent de la douleur, soit
dans les épaules, ou dans les jambes, ou dans les
boulets, dans les pieds, par nature par accident. Comme ces sortes de chevaux se défient de
leurs forces, ils se présentent ordinairement de
mauvaise grâce au galop; il ne faut pas leur demander de longues reprises, afin de conserver leur

courage et de ménager leur peu de vigueur.

Il y a encore deux autres natures de chevaux, dont la manière de galoper est différente. Quelques uns nagent en galopant, c'est-à-dire, qu'ils allongent les jambes de devant, en les levant trop haut, d'autres au contraire galopent trop près de terre. Pour remédier au défaut des premiers, il faut baisser la main et pousser le talon bas en appuyant sur les étriers, dans le temps que les pieds de devant se posent à terre ; et il faut rendre la main quand le devant est en l'air, à ceux qui galopent trop près de terre, et qui s'appuient sur le mors, en les secourant des gras de jambes, et en soutenant de la main près de soi, dans le temps qu'ils retombent des pieds de devant à terre, sans trop peser sur les étriers.

On doit toujours galoper un cheval d'une piste, jusqu'à ce qu'il galope facilement aux deux mains; car si on voulait trop tôt le presser d'aller de côté, c'est-à-dire, avant qu'il eut acquis la souplesse et la liberté du galop, il s'endurcirait l'appui de la bouche, deviendrait raide dans son devant, et on lui donnerait par-là occasion de se défendre. On connaîtra facilement quand il sera en état de galoper les hanches dedans, parce qu'en lui mettant la croupe au mur, s'il se sent assez souple et libre pour obéir le peu qu'on l'anime de la langue et qu'on le diligente de la jambe de dehors, il prendra de lui-même le galop, que l'on continuera quelques pas seulement, l'arrêtant et le flattant après et en lui faisant pratiquer cette leçon de temps à autre, jusqu'à ce qu'on le sente en état de fournir une reprise entière.

Les voltes.

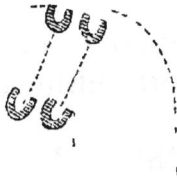
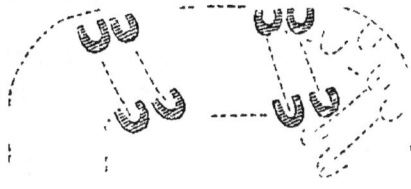

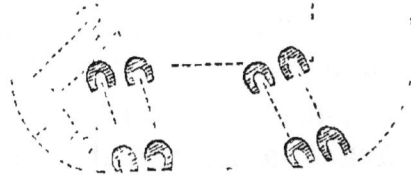

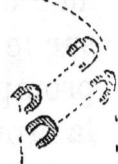
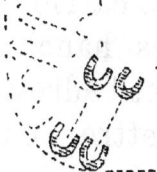

Toutes ces leçons bien exécutées, appropriées à la nature de chaque cheval, perfectionnées par l'épaule en dedans et la croupe au mur, suivies de la ligne droite par le milieu du manège, sur laquelle ligne il faut toujours finir chaque reprise pour unir et redresser les hanches, rendront avec le temps un cheval libre, aisé et obéissant dans son galop, qui est une allure qui fait autant de plaisir à ceux qui voient galoper un cheval de bonne grâce, qu'elle est commode et agréable au cavalier.

CHAPITRE XVII

DES VOLTES, DES DEMI-VOLTES, DES PASSADES, DES PIROUETTES ET DU TERRE-A-TERRE.

ARTICLE PREMIER

Des voltes.

Les anciens écuyers inventèrent les voltes pour rendre leurs chevaux plus adroits dans les combats d'épée et de pistolet, lesquels étaient fort en usage avant la défense des duels. On s'attacha à donner aux chevaux beaucoup d'obéissance et de vitesse sur le cercle, pour les rendre plus agiles et plus prompts à entourer diligemment et plusieurs fois la croupe, soit pour gagner celle de son ennemi, ou pour éviter de laisser gagner la sienne, en faisant toujours tête à celle de son adversaire. Dans la suite on fit aussi de cet exercice un manège de carrière, dans lequel on renferma davantage les hanches pour faire voir la science du cavalier et l'adresse du cheval; c'est pourquoi on peut admettre deux

sortes de voltes : celles qui servent au manège de
guerre, et celles qui se font pour le plaisir de la
carrière.

Dans les voltes qui représentent le combat, il ne
faut point mener un cheval sur un carré, ni aller
de deux pistes, parce que dans cette posture, on ne
pourrait pas joindre la croupe de son ennemi ; il
faut que ce soit sur une piste ronde, et tenir seulement une demi-hanche dedans, afin que le cheval
soit plus ferme sur son derrière. Comme l'on tient
ses armes dans la main droite, qu'on appelle pour
cette raison, *la main de l'épée*, il faut qu'un cheval
de guerre soit très souple à droite, parce qu'il est
rare qu'on change de main, à moins qu'on n'ait
affaire à un gaucher.

A l'égard des voltes qui regardent le manège
d'école, elles doivent se faire de deux pistes, sur
un carré, dont les quatre coins ou angles soient
arrondis avec les épaules, ce qu'on appelle *embrasser la volte*. Ce manège de deux pistes est tiré de la
croupe au mur, leçon après laquelle on commence
à mettre un cheval sur les voltes renversées, qui
servent de principe pour bien exécuter les voltes
ordinaires.

Lors donc qu'un cheval sera obéissant aux deux
mains la croupe au mur le long d'une muraille, il
faudra, en renversant l'épaule dans chaque coin du
manège continuer de le tenir dans cette posture le
long des quatre murailles, jusqu'à ce qu'il obéisse
librement à chaque main ; il faut ensuite réduire le
carré long que forment les quatre murailles du
manège dans un carré étroit, comme il est représenté dans le plan de terre, en tenant la tête et les

épaules vers le centre, et en renversant ou plutôt en arrêtant les épaules au bout de chaque ligne ou carré, c'est-à-dire à chaque coin, afin que les hanches puissent gagner l'autre ligne.

Quoique la tête et les épaules d'un cheval qu'on trotte à la longe, ou qu'on élargit sur des cercles la croupe dehors, soient vers le centre, il ne faut pas croire pour cela que ce soient des voltes renversées comme quelques cavaliers confondent : la différence est bien grande; car lorsqu'on mène un cheval sur des cercles la tête dedans, la croupe dehors, ce sont les jambes de dedans qui s'élargissent, c'est-à-dire, qui passent par dessus celles de dehors, ce qui est la leçon que nous avons donnée pour préparer un cheval à aller l'épaule en dedans; mais dans les voltes renversées, ce sont les jambes de dehors qui doivent passer et chevaler par-dessus celles de dedans, comme dans la croupe au mur, ce qui est bien plus difficile à faire exécuter au cheval, parce qu'il est plus raccourci et plus sur ses hanches dans cette dernière posture : c'est aussi pour cela qu'on ne lui demande ce manège que lorsqu'il commence à bien connaître la main et les jambes, et qu'il va facilement de côté.

Toute la difficulté des voltes renversées consiste à plier le cheval à la main où il va, à faire marcher les épaules les premières, et à savoir les arrêter dans les quatre coins du carré, pour ranger les hanches sur l'autre ligne, ce que le cheval ne manquera pas d'exécuter facilement et en peu de temps, si auparavant il a été rendu souple et obéissant la croupe au mur, à laquelle leçon il faudra revenir s'il se défend dans le carré étroit dans lequel on doit renfermer un cheval, pour faire ce qu'on appelle *volte renversée*.

Sitôt que le cheval obéira librement de deux pistes aux deux mains, sur des carrés larges et étroits, à la leçon des voltes renversées, il faudra le mettre sur la volte ordinaire, en lui tenant la croupe vers le centre et la tête et les épaules vis-à-vis, et à deux ou trois pieds en deçà de la muraille, en sorte que les épaules décrivent le plus grand carré, et la croupe étant vers le centre, le plus petit. Il faut arrondir chaque coin avec les épaules, en portant et en tournant diligemment la main sur l'autre ligne, en tenant les hanches dans une ferme posture lorsqu'on tourne le devant, mais la piste des hanches doit être tout à fait carrée. En portant ainsi un cheval de côté de coin en coin, il n'est jamais couché dans la volte ni entablé : ce dernier défaut est considérable, en ce qu'il estropie les hanches et ruine les jarrets d'un cheval, désordres que quelques hommes de cheval attribuent aux voltes en général; mais c'est sans doute des voltes entablées et acculées dont ils entendent parler, car je ne crois pas qu'un cavalier sensé puisse tenir un pareil discours à l'occasion d'un air qui fait si bien paraître l'obéissance et la gentillesse d'un cheval, qui embellit son action, et qui donne une grâce infinie au cavalier lorsqu'il exécute bien ce manège.

Le savant M. de La Broue, qui le premier a trouvé la justesse et la proportion des belles voltes, donne encore une excellente leçon pour préparer un cheval à cet air : c'est de le mener d'abord au pas d'école, droit et d'une piste sur les quatre lignes d'un

carré, la tête placée en dedans, et au bout de chaque
ligne, lorsque les hanches sont arrivées dans l'angle qui forme la rencontre de l'autre ligne, de
tourner les épaules jusqu'à ce qu'elles soient arrivées sur la ligne des hanches, comme on peut le
voir dans le plan de terre. Cette leçon est d'autant
meilleure qu'elle maintient un cheval droit dans
ses jambes, et qu'elle lui donne une grande souplesse d'épaules. Les pas faits par le droit lui ôtent
l'occasion de se retenir et de s'acculer, et l'arron-
dissement des épaules au bout de chaque ligne du
carré apprend à un cheval à tourner facilement; et
les hanches, en restant fermes et pliées dans ce
mouvement, sont occupées à soutenir l'action de
l'épaule et du bras du dehors. La pratique de ces
règles du carré, bien appropriées au naturel du
cheval, en retenant sur la ligne droite celui qui pèse
ou qui tire à la main, en chassant celui qui se retient,
et en diligentant les épaules des uns et des autres
dans chaque coin, ajuste peu à peu et sans violence
la tête, le cou, les épaules et les hanches d'un cheval, sans qu'il s'aperçoive presque de la sujétion
où cette leçon ne laisse pas de le tenir.

Afin de pouvoir tourner plus facilement les épaules, et que les hanches ne s'échappent pas au bout
de chaque ligne du carré, il faut marquer un demi-
arrêt, avant que de tourner le devant, et après le
demi-arrêt il faut diligenter la main, afin que l'action libre des épaules ne soit point empêchée; il
faut aussi que le cheval soit plié à la main où il va;
afin qu'il porte ensemble la tête, la vue et l'action
sur la piste et la rondeur de chaque coin de la
volte. Lorsque le cheval sera obéissant à cette le-

çon au petit pas d'école, il faudra la lui faire faire
au passage animé et relevé, pour ensuite la lui faire
pratiquer au galop, toujours dans la même posture, c'est-à-dire, droit d'épaules et des hanches,
et plié à la main où il va. Chaque reprise, soit au
passage ou au galop, doit finir dans le centre de la
volte, en tournant le cheval au milieu d'une des
lignes du carré, en l'avançant jusqu'au centre, et
en l'arrètant droit dans les jambes, après quoi on le
descend.

Lorsque le cheval passagera librement d'une
piste sur les quatre lignes du carré, qu'il aura
acquis dans la même posture la facilité d'un galop
uni, et dans un beau pli, aux deux mains, il faudra
ensuite le passager de deux pistes, en observant,
comme nous l'avons dit plusieurs fois et comme on
ne saurait trop le répéter, de faire marcher les
épaules les premières, afin de donner à l'épaule
hors la volte, la facilité de faire passer le bras de
dehors par dessus celui de dedans, ce qui est la plus
grande difficulté; car en retenant le libre mouvement des épaules, le cheval serait couché et entablé dans la volte; il faut pourtant tenir les hanches
un peu plus sujettes et plus en dedans aux chevaux
qui pèsent ou qui tirent à la main, afin de les rendre plus légers du devant, mais il ne faut pas pour
cela que la croupe marche avant les épaules; au
contraire, ceux qui ont plus de légèreté que de
force, ne doivent pas être si renfermés des hanches,
afin qu'ils puissent marcher plus librement, en les
maintenant toujours dans une action libre et avancée.

Il ne faut pas observer trop de justesse dans les

commencements qu'on travaille un cheval sur les voltes, car il arriverait que celui qui est naturellement impatient entrerait dans une inquiétude qui occasionnerait beaucoup de désordres, et que celui qui est paresseux et d'humeur flegmatique, assoupirait sa vigueur et son courage. On ne doit pas non plus rechercher d'abord sur les voltes un cheval qui a eu quelques jours de repos, il arriverait qu'étant trop gai, il se servirait de ses reins et se défendrait. Il faut étendre au galop d'une piste ces sortes de chevaux, jusqu'à ce qu'ils aient passé leur gaieté et bissé leurs reins; c'est pourquoi il est de la prudence d'un habile cavalier, d'interrompre l'ordre des proportions qui regardent la justesse, et de revenir aux premières règles, lorsqu'il arrive le moindre désordre.

Il faut longtemps passager un cheval sur les voltes de deux pistes, avant de le faire galoper dans cette posture, et lorsqu'on le sentira souple et aisé, pour le peu qu'on l'anime, il prendra de lui-même un galop raccourci, diligent et coulé sur les hanches, qui est le vrai galop des voltes.

On appelle voltes redoublées, celles qui se font plusieurs fois de suite à la même main; mais il faut qu'un cheval ait acquis beaucoup de liberté, qu'il soit en haleine, et qu'il comprenne bien les justes proportions de cet exercice, avant que de le faire redoubler sur les voltes; car une leçon trop forte confondrait ses esprits et sa vigueur : c'est pourquoi il faut dans les commencements, à chaque fin de volte, l'arrêter et le caresser un peu, afin de rassurer sa mémoire et ses forces, et de lui donner le temps de reprendre haleine. On doit aussi le

Demi-voltss et passades.

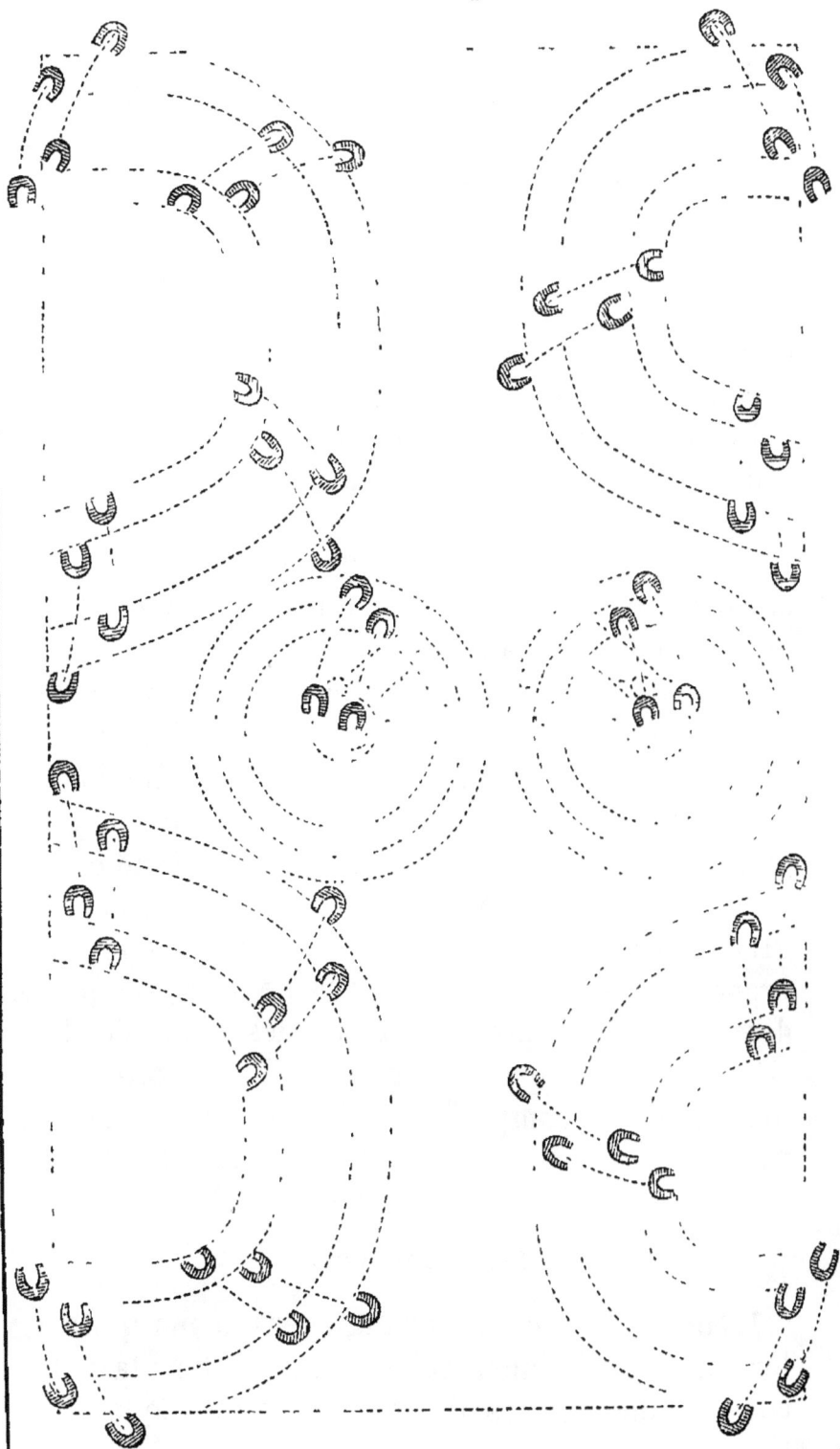

changer de main et de place, pour lui ôter l'appréhension que pourrait lui causer cette sujétion.

Les changements de main sur les voltes se font de deux manières, tantôt en dehors, tantôt en dedans.

Pour changer de main en dehors de la volte, il faut simplement lui placer sur la tête, et le plier à l'autre main, et en lui faisant fuir la jambe de dedans, qui devient alors jambe de dehors; il se trouvera avoir changé de main.

Le changement de main dans la volte, se fait en tournant le cheval vers le milieu d'une des lignes du carré, le portant ensuite en avant sur une ligne droite vers le centre de la volte, et en le rangeant ensuite de côté jusqu'à l'autre ligne, pour le placer et reprendre à l'autre main. Lorsque ce dernier changement de main commence et finit les hanches dedans, on l'appelle *demi-volte dans la volte*.

A l'égard de la largeur d'une volte, elle doit se proportionner à la taille et à la longueur d'un cheval, parce qu'un petit cheval sur un grand carré, et un grand cheval sur un petit, auraient mauvaise grâce. Les hommes de cheval ont trouvé une juste proportion, en donnant l'espace de deux longueurs de cheval, d'une piste à l'autre des pieds de derrière, en sorte que le diamètre d'une volte régulière doit être composé de quatre longueurs de cheval.

ARTICLE II

Des demi-voltes.

La demi-volte est un changement de main étroit, les hanches dedans, qui se fait, ou dans la volte, comme nous venons de le dire, ou au bout d'une ligne droite. Une demi-volte doit être composée de trois lignes; dans la première on fait aller un cheval de côté deux fois sa longueur, sans avancer ni reculer, on tourne ensuite les épaules sur une seconde ligne d'égale longueur, et après l'avoir tourné sur la troisième ligne, on porte un peu le cheval en avant, et l'on ferme la demi-volte en arrivant des quatre jambes sur la ligne de la muraille, pour reprendre à l'autre main. La raison pour laquelle il faut que le cheval en finissant la demi-volte, arrive des quatre pieds sur la même ligne, c'est qu'autrement la demi-volte serait ouverte, et le derrière étant élargi et écarté de la piste des pieds de devant, le cheval ne reprendrait en avant qu'avec la hanche de dedans, et non avec les deux, ce qui le ferait abandonner sur les épaules. Il faut donc à la fin de chaque changement de main ou de ou de chaque demi-volte, que le cheval arrive droit afin qu'il puisse se servir de ses deux hanches ensemble pour chasser le devant et le rendre léger.

Avant de commencer une demi-volte, il faut marquer un demi-arrêt, le contrepoids du corps un peu en arrière, afin que le cheval se mette sur les hanches; il ne faut pas que la parade soit faible ni désunie, mais vigoureuse et nette, autant que le permet la nature du cheval, afin que la demi-volte soit également fournie d'air, de justesse et de vigueur.

Il ne faut point mettre un cheval sur les demi-voltes, qu'il ne sache auparavant passager librement sur la volte entière, parce que dans une proportion de terrain plus étroite, il pourrait se serrer et s'acculer, ce qui n'arrivera pas s'il a été confirmé dans un passage d'une piste, animé et relevé sur les quatre lignes du carré de la volte et lorsqu'il se couche et se retient, il faut le chasser en avant; et de même, s'il abandonne trop sur la main et sur les épaules, il faudra le reculer. Lorsqu'il obéira au passage sur la demi-volte, il faudra l'animer à la fin de la troisième ligne, pour lui faire faire quatre ou cinq temps de galop raccourci, bas et diligent, ensuite le flatter; et quand on le sentira bien disposé, il faudra commencer et finir la demi-volte au galop.

Tant dans les voltes que dans les demi-voltes, il faut souvent varier l'ordre de la leçon, en changeant de main et de place; car si on faisait toujours les demi-voltes dans le même endroit, le cheval préméditant la volonté du cavalier, voudrait les faire de lui-même.

S'il arrive que le cheval résiste aux règles de la proportion et de la justesse des voltes et des demi-voltes il faudra le remettre l'épaule en dedans et la croupe au mur : par ce moyen il passera sa colère et diminuera sa fougue; mais ces désordres n'arrivent qu'à ceux qui ne suivent pas la nature, et qui veulent trop presser les chevaux et les dresser trop vite ; il faut au contraire les faire venir à force d'aisance et de souplesse, et non par la violence; car à mesure qu'un cheval devient souple et qu'il comprend la volonté du cavalier, il ne demande qu'à obéir, à moins qu'il ne soit d'un naturel absolument rebelle, auquel cas il ne faut point lui demander de manège régulier, mais une simple obéissance, de laquelle on puisse tirer le service auquel on le destine et qui convient à sa disposition.

ARTICLE III

Des passades.

La passade est, comme nous l'avons expliqué dans le chapitre des mouvements artificiels, une ligne droite sur laquelle un cheval passe et repasse (ce qui a donné le nom de passade), aux deux bouts de laquelle ligne on fait un changement de main ou une demi-volte.

La ligne de la passade doit être d'environ cinq longueurs de cheval, et les demi-voltes ne doivent avoir qu'une longueur dans leur largeur, en sorte qu'elles sont plus étroites de la moitié qu'une demi-volte ordinaire, parce que comme ce manège est fait pour le combat, lorsqu'un cavalier a donné un coup d'épée à son ennemi, plus tôt il peut retourner son cheval après cette action, plus tôt il est en état de repartir et de fournir un nouveau coup. Ces sortes de demi-voltes de combat se font aussi en trois temps, et le dernier doit fermer la demi-volte ; il faut qu'un cheval soit raccourci et sur les hanches en tournant, afin d'être plus ferme sur ses pieds de derrière, et de ne pas glisser : le cavalier en est aussi plus à son aise et mieux en selle.

Il y a deux sortes de passades : celles qui se font au petit galop, tant sur la ligne de la passade que sur les demi-voltes, et celles qu'on appelle furieuses, dans lesquelles on part à toutes jambes, depuis le milieu de la ligne droite, jusqu'à l'endroit où l'on marque l'arrêt pour commencer la demi-volte ; ainsi dans les passades furieuses, après avoir fini la demi-volte, on continue d'aller au petit galop, jusqu'au milieu de la ligne droite, tant pour s'affermir dans la selle, que pour examiner les mouvements de son ennemi, sur lequel on échappe son cheval en partant de vitesse, et on le rassemble ensuite pour l'autre main.

Quand le cheval sera obéissant aux passades, le long de la muraille, et qu'il changera de pied facilement et sans se désunir en finissant chaque demi-volte, il faudra les lui faire faire sur la ligne du milieu du manège ; car, comme cet exercice est fait pour le combat, il faut qu'il se fasse en liberté, afin de pouvoir aller à la rencontre de son ennemi.

On fait aussi dans un manège des passades dont les demi-voltes sont de la largeur des demi-voltes ordinaires, et alors ce n'est plus un manège de guerre, mais d'école, qui se fait pour le plaisir, ou pour élargir un cheval qui se serre trop, de même qu'on fait aussi la ligne de la passade plus ou moins longue, selon que le cheval s'abandonne ou se retient, afin de le rendre toujours attentif à l'action des jambes et de la main du cavalier.

Quoique ce manège soit aussi beau que difficile à exécuter, nous n'entrerons pas dans un plus grand détail, puisqu'on y emploie les mêmes règles que dans celui des voltes, dont nous venons de parler. Si le cheval refuse d'obéir, ce sera ou mauvaise nature, ou faute de souplesse et d'obéissance, et, dans ce cas, il faudra avoir recours aux principes que nous avons établis.

ARTICLE IV.

De la pirouette.

Une pirouette n'est autre chose qu'une volte dans la longueur du cheval, sans changer de place : les hanches restent dans le centre, et les épaules fournissent le cercle. Dans cette action, la jambe de derrière de dedans ne se lève point, mais tourne dans une place, et sert comme de pivot autour duquel les trois autres jambes et tout le corps du cheval tournent.

La demi-pirouette est une demi-volte dans une place et dans la longueur du cheval ; c'est une espèce de changement de main, qui se fait en tournant un cheval de la tête à la queue, les hanches restant dans une même place.

Les passades et les pirouettes, de même que les voltes et les demi-voltes sont des manèges de guerre qui servent à se retourner promptement de peur de surprise, à prévenir son ennemi, à éviter son attaque, ou à l'attaquer avec plus de diligence.

Il se trouve peu de chevaux qui puissent fournir plusieurs pirouettes de suite avec la même égalité, qui est la beauté de cet air, parce qu'il y en a peu qui aient les qualités qui conviennent à cet exercice, dans lequel un cheval doit être extrêmement libre d'épaules, très ferme et assuré sur les hanches. Ceux, par exemple, qui ont l'encolure et les épaules trop charnues, ne sont pas bons pour ce manège.

Avant que de diligenter un cheval au galop à pirouettes, il faut lui faire faire d'abord quelques demi-pirouettes au pas à chaque main, tantôt dans une place, tantôt dans une autre ; et à mesure qu'il obéit sans désordre, on le rassemble au passage, et on lui en demande d'entières, en sorte que sans déranger les hanches, la tête et les épaules se retrouvent à la fin de la pirouette dans l'endroit d'où elles sont parties : par ce moyen il acquerra bientôt la facilité de les faire au galop.

Si un cheval, après avoir été rendu suffisamment souple et obéissant, se défend à cet air, c'est une preuve que ses hanches ne sont pas assez bonnes pour soutenir sur son derrière toutes les parties de devant et le poids du cavalier ; mais s'il a les qualités requises, il fournira avec le temps autant de pirouettes que la prudence du cavalier l'exigera.

Pour changer de main à pirouettes, il faut promptement placer la tête à l'autre main, et soutenir de la jambe du dehors pour empêcher la croupe de sortir du centre ; mais il ne faut pas que le cheval soit autant plié dans cet air que sur la volte ordinaire, parce que si la tête était trop dedans, la croupe sortirait du centre en pirouettant.

On varie les pirouettes suivant la disposition du cheval ; on en fait quelquefois dans le milieu d'un changement de main, sans interrompre l'ordre de la leçon que l'on continue à l'ordinaire ; mais ce qui fait bien voir l'obéissance et la justesse d'un cheval, c'est lorsqu'en maniant sur les voltes on étrécit de plus en plus le cheval, jusqu'à ce qu'il soit arrivé au centre de la volte, où on lui fait faire, tout d'une haleine, autant de pirouettes que sa ressource et son haleine lui permettent d'en fournir.

ARTICLE V.

Du terre-à terre.

Suivant la définition de M. le duc de Newcastle, qui est très juste, le terre-à-terre est un galop en deux temps, de deux pistes, beaucoup plus raccourci et plus rassemblé que le galop ordinaire, et dont la position des pieds est différente, en ce qu'un cheval lève les deux jambes de devant ensemble, et les pose de même à terre, les pieds de derrière accompagnant ceux de devant d'un même mouvement, ce qui forme une cadence tride et basse dans laquelle il marque tous les temps avec un fredon de hanches, qui part comme d'une espèce de ressort. Pour en avoir une idée encore plus nette, il faut se figurer cet air comme une suite de petits sauts fort bas, près de terre, le cheval allant toujours un peu en avant et de côté. Comme les hanches dans cette posture n'avancent pas tant sous le ventre qu'au galop, c'est ce qui en rend l'action plus tride, plus basse et plus déterminée,

Il faut encore observer qu'au terre-à-terre, le cheval est plus appuyé sur les jambes de dehors que sur celles de dedans, lesquelles sont un peu plus avancées, et entament le chemin, mais pas tant qu'au galop ; et comme la croupe est fort assujétie dans un air si pressé et si tride des hanches, il se trouve être plus élargi du devant que du derrière, ce qui met l'épaule du dehors un peu en arrière, et donne la liberté à celle de dedans.

Il est aisé de juger, par la sujétion où cet air tient un cheval, que cet exercice ne laisse pas

d'être violent, et que peu de chevaux sont capables
de l'exécuter avec toute la justesse et toute la net-
teté nécessaires. Il faut qu'un cheval soit bien nerveux et bien souple, pour lui demander ce manège;
ceux qui ont moins de force et de pratique que de
légèreté et de courage, craignent la sujétion des
règles si recherchées; aussi les vrais hommes de
cheval regardent ce manège, qui est devenu très
rare, comme la pierre de touche par laquelle on
voit la science d'un cavalier et l'adresse d'un
cheval.

Il ne faut pas tomber dans l'erreur de ceux qui
donnent indifféremment le nom de terre-à-terre à
l'allure des chevaux qui manient bas et traînent un
mauvais galop près de terre, sans aucune action
tride qui presse et détermine leurs hanches à former cette cadence serrée et diligente, dont le seul
fredon fait voir la différence du vrai terre à-terre
au mauvais galop. Souvent, faute de savoir la véritable définition de chaque air de manège, on n'est
pas en état, ni de juger de la capacité d'un cheval,
ni par conséquent de lui donner l'air qui convient
à sa disposition. Cette erreur de confondre ainsi
les airs, qui font l'ornement des beaux manèges,
fait attribuer à quelques cavaliers, dont la plus
grande capacité consiste en routine, un prétendu
savoir, qui n'existe que dans leur suffisance mal
fondée, et dans l'aveugle admiration de ceux qui
les prônent sans aucune connaissance dans l'art de
la cavalerie.

Comme la perfection du terre-à-terre est d'avoir
la hanche de dehors serrée, il faut, dans les voltes
à cet air, que le carré soit encore plus parfait qu'à

celles qui se font au simple galop de deux pistes ;
mais il faut prendre garde, dans les coins, que la
jambe de derrière de dedans n'aille pas avant les
épaules, car alors le cheval étant trop élargi des
hanches, il serait entablé, et pourrait faire un élan
en forçant la main du cavalier, pour se tirer de
cette fausse position. On doit aussi prendre garde
de n'avoir pas la main trop haute, car il ne pourrait
pas aller bas et tride, ni couler également vite.

Les fautes les plus ordinaires qu'un cheval fait
en maniant terre-à-terre, sont de s'acculer, de lever
trop le devant, ou de traîner les hanches. Il faut,
lorsque quelqu'un de ces désordres arrive, déterminer le cheval en avant avec les éperons, afin de le
corriger, de l'avertir de se tenir plus ensemble, et
de diligenter davantage sa cadence ; et comme dans
cet exercice les parties du cheval sont extrêmement
travaillées, il faut toujours sentir en quel état d'o-
béissance il tient ses forces et son courage, pour
finir la reprise avant que la lassitude lui donne
occasion de se défendre.

Les règles pour dresser un cheval au terre-à-
terre, se tirent de la connaissance qu'on a de son
naturel, et de la disposition qu'on lui trouve pour
cet|air, laquelle on connaît facilement, lorsque, après
avoir été assoupli dans les règles, en le recherchant
et en le rassemblant, il prend de lui-même ce fredon de hanches dont nous venons de parler : il
aura sans doute de la disposition pour exécuter
ce manège, mais il faut bien ménager ses ressorts,
surtout dans les commencements, en ne lui demandant que quatre demi-voltes de suite au plus, qu'il
fournira aisément s'il y a été préparé par les princi-

pes qui doivent le conduire à cette leçon. A mesure que ses forces et son haleine le rendront plus
souple et plus dispos, on pourra, 'après qu'il aura
fourni quatre demi-voltes, c'est-à-dire, deux à chaque main, le délasser un petit galop lent et écouté,
pour le rassembler ensuite sur le carré du milieu
de la place, et le rechercher sur deux ou trois voltes de son air, puis le finir et le descendre.

CHAPITRE XVIII

DES AIRS RELEVÉS.

Nous avons dit que tous les sauts qui sont plus
détachés de terre, que le terre-à-terre, et qui sont
en usage dans les bonnes écoles, s'appellent *airs relevés*. Ils sont au nombre de sept : savoir : la pesade,
le mezair, la courbette, la croupade, la balotade, la
cabriole, le pas et le saut.

Avant que d'entrer dans le détail des règles qui
conviennent à chacun de ces airs, il est, ce me sem-
ble, à propos d'examiner quelle nature de chevaux
il faut choisir pour cet usage ; quelles qualités un
cheval doit avoir pour résister à la violence des
sauts, et quels sont ceux qui n'y ont point de disposition.

Il faut qu'un cheval ait une inclination naturelle,
et qu'il se présente de lui-même à quelque air, pour
en faire un bon sauteur, autrement on perdrait son
temps, on le rebuterait et on le ruinerait au lieu de
le dresser. Une erreur qui n'est que trop ordinaire,
c'est de croire que la grande force est absolument
nécessaire dans un sauteur. Cette extrême vigueur

qu'ont certains chevaux, les rend raides et mal-
adroits, leur fait faire des sauts et des contre-temps
qui les épuisent, ce qui incommode extrêmement
un cavalier, parce que ordinairement ces sauts désunis et sans règle sont accompagnés d'efforts violents que leur suggère leur malice. Les chevaux de
ce caractère doivent être confinés dans les piliers,
où une continuelle routine des sauts d'école les pu-
nit assez de leur mauvais naturel. Un cheval qui
est doué de médiocre force, et qui a beaucoup de
courage et de légèreté, est incomparablement meilleur, parce qu'il donne ce qu'il peut de bonne volonté, et qu'il dure longtemps dans son exercice,
au lieu que celui qui a beaucoup de force et de
mauvaise volonté, se trouve usé avant que d'être
dressé, par les remèdes violents qu'il faut employer
pour dompter sa rebellion. Il se trouve encore certains chevaux qui, avec des hanches un peu faibles,
ne laissent pas de former des sauteurs passables,
parce qu'ils aiment mieux s'élever et se détacher
de terre, que de s'asseoir sur les hanches.

On appelle un cheval de bonne force, celui qui
est nerveux et léger, qui distribue ses forces naturellement, uniment et de bonne grâce, qui a l'appui de la bouche léger et assuré, qui a les membres
forts, les épaules libres, les boulets, les pâturons
et les pieds bons, et qui est de bonne volonté.

Ceux qui n'ont point de disposition pour les airs
relevés, sont ceux qui sont trop sensibles, impatients et colères; qui entrent facilement en fougue
et en inquiétude, se serrent, trépignent et refusent de se lever. Il y en a d'autres qui crient par
malice et par poltronnerie, quand on les recherche;

qui font des sauts désordonnés qui témoignent leur vice, et l'envie qu'ils ont de jeter leur homme par terre. Il y en a encore d'autres qui pèchent pour avoir les pieds douloureux ou défectueux, et en retombant à terre, la douleur qu'ils ressentent les empêche de fournir un nouveau saut; ceux qui ont la bouche fausse et l'appui faible, ont presque toujours la tête en désordre à la descente de chaque saut, ce qui est très désagréable. Ainsi, quand on trouve un cheval qui a quelqu'une de ces imperfections, il ne faut point songer à en faire un sauteur.

Il y a encore une chose à examiner, c'est lorsqu'on a rencontré un cheval de bonne force et de bonne disposition, de savoir juger quelle nature de saut lui est propre, afin de ne le point forcer à un air qui ne convient ni à son naturel, ni à sa disposition ; et avant que de lui former cet air, il faut qu'il ait été assoupli et rendu obéissant aux leçons dont nous avons donné les principes. Entrons maintenant dans le détail de chaque air.

ARTICLE PREMIER.

Des pesades.

La pesade, comme nous l'avons déjà définie, est un air dans lequel le cheval lève le devant fort haut et dans une place, tenant les pieds de derrière fermes à terre sans les avancer ni les remuer. Ce n'est point, à proprement parler, un air relevé que la pesade, puisque le derrière n'accompagne point le devant, comme dans les autres airs, et ne se détache point de terre ; mais comme on se sert de cette leçon pour apprendre à un cheval à lever légèrement le devant, à plier les bras de bonne grâce, et à s'affermir sur les hanches, pour le préparer à sauter avec plus de liberté, on le met à la tête de tous les airs relevés, comme en étant le fondement et la première règle. On se sert encore de la pesade pour corriger le défaut de ceux qui, dans les airs de mézair et de courbette, battent la poussière en maniant trop près de terre, et en brouillant leur air avec les jambes de devant ; c'est aussi pour cela qu'à la fin d'un droit de courbettes, on a coutume de faire la dernière haute du devant et dans une place, ce qui n'est autre chose qu'une pesade, et que l'on fait non seulement pour la grâce de l'arrêt, mais encore pour entretenir la légèreté du devant.

Il ne faut pas confondre la pesade avec le contre-temps que font les chevaux qui se cabrent, quoique ceux-ci lèvent aussi le devant fort haut, et qu'ils demeurent le derrière à terre : la différence en est bien grande ; car dans l'action que fait le cheval, lorsqu'il lève à pesade, il doit être dans la main et plier les hanches et les jarrets sous lui, ce qui l'empêche de lever le devant plus haut qu'il ne doit ; et dans la pointe que fait un cheval qui se cabre, il est étendu raide sur les jarrets, hors de la main, et en danger de se renverser.

Il ne faut point faire faire de pesades à un cheval, qu'il ne soit souple d'épaules, obéissant à la main et aux jambes, et confirmé au piaffer ; et lorsqu'il est à ce point d'obéissance, on l'anime de la chambrière dans les piliers, en le touchant légèrement de la cravache sur les jambes du devant, dans le temps qu'il donne dans les cordes et qu'il avance les hanches sous lui : pour le peu qu'il se lève, il faut l'arrêter et le flatter, et à mesure qu'il obéira, on le touchera plus vivement, afin qu'il lève plus haut le devant. Comme dans tous les airs relevés, un cheval doit plier les bras de manière que les pieds se retroussent presque jusqu'au coude (ce qui lui donne beaucoup de grâce), il faut corriger la vilaine action de ceux qui, au lieu de plier les genoux, allongent les jambes en avant, en croisant les pieds l'un par-dessus l'autre : ce défaut, qu'on appelle *jouer de l'épinette*, est aisé à corriger, en le châtiant de la cravache ou du fouet, et en lui en appliquant fort sur les genoux et sur les boulets. Un autre défaut, c'est lorsqu'un cheval se lève de lui-même, sans qu'on le lui demande ; le châtiment pour ceux-ci est de les faire ruer : c'est ainsi qu'on corrige un défaut par son contraire ; et pour éviter qu'il ne continue ce désordre, il faut toujours commencer chaque reprise par le piaffer, lui demander ensuite quelque pesade, et finir par le piaffer. Cette variété de leçon rendra un cheval attentif à suivre la volonté du cavalier.

Lorsqu'il obéira facilement dans les piliers à l'air de pesades, il faut ensuite le monter, et en le passageant en liberté, lui en demander une ou deux dans une place sans qu'il se traverse, et après la dernière, marcher deux ou trois pas en avant. Si, en retombant des pieds de devant à terre, il s'appuie ou tire à la main, il faut le reculer, lever ensuite une pesade, et le caresser s'il obéit. Si au contraire il se retient et s'accule, au lieu de lever le devant, on doit le chasser en avant; et lorsqu'il prend bien les jambes, marquer un arrêt suivi d'une pesade, en se contentant de peu : car comme les chevaux les plus sages marquent toujours quelque sentiment de colère, lorsqu'on commence à les mettre aux airs relevés, il ne faut pas tirer d'eux autant de temps de leur air qu'ils pourraient en fournir, parce qu'il arriverait qu'ils s'endurciraient, perdraient l'habitude de tourner facilement, et même se serviraient de leur air pour se défendre, en se levant lorsqu'on ne le leur demande pas ; ainsi on doit dans les commencements les ménager beaucoup, et prendre garde qu'ils ne tombent dans aucun de ces vices qui pourraient les rendre rétifs.

ARTICLE II

Du mézair.

Le mézair, comme le définissent fort bien quelques écuyers, n'est autre chose qu'une demi-courbette, dont le mouvement est moins détaché de terre, plus bas, plus vite et plus avancé que la vraie courbette, mais aussi plus relevé, et plus écouté que la terre-à-terre.

Il est aisé de voir dans les piliers, si un cheval a plus de penchant pour le mézair que pour tout autre saut ; parce que si la nature lui a donné de l'inclination pour cet air, lorsqu'on le recherchera, il se présentera de lui-même dans une cadence plus relevée que le terre-à-terre, et plus tride que la courbette ; et quand par plusieurs leçons réitérées, on aura reconnu sa disposition, il faudra le confirmer dans cet air, en se servant des mêmes règles que pour les pesades, c'est-à-dire, commencer chaque reprise par le piaffer, suivi de quelques temps de mézair, en se servant de la cravache devant, et de la chambrière derrière ; et ainsi alternativement. Lorsqu'on jugera à propos de lui faire pratiquer cette leçon en liberté, il faut après l'avoir passagé d'une piste, le rassembler pour le faire

aller de son air, soit dans le changement de main, soit dans la demi-volte, toujours de deux pistes ; car il n'est pas d'usage d'aller d'une piste au mézair, ni au terre-à-terre.

Les aides les plus utiles et les plus gracieuses dont on se sert pour faire aller un cheval à mézair, c'est de toucher légèrement et de bonne grâce, de la cravache sur l'épaule de dehors, en l'aidant et le secouant des gras de jambe. Lorsque la croupe n'accompagne point assez le devant, on croise la cravache sous main pour toucher sur la croupe, ce qui fait rabattre le derrière plus tride.

Si le cheval tombe dans les défauts ordinaires à presque tous les chevaux qu'on dresse aux airs détachés de terre, qui sont, ou de retenir leur force, ou de s'abandonner trop sur la main, ou de manier de soi-même sans attendre les aides du cavalier, il faut y apporter les remèdes ci-dessus, et les employer avec le jugement, la prudence et la patience qui sont nécessaires à un homme de cheval.

On doit encore, dans cet air, observer la même proportion de terrain qu'au terre-à-terre, c'est-à-dire, le tenir dans le juste espace des voltes et des demi-voltes ; car comme ces airs ont beaucoup de rapport l'un à l'autre, et qu'ils forment un manège serré et tride, la posture du cheval doit être la même dans ces deux airs.

ARTICLE III

Des courbettes.

La courbette est un saut plus relevé de devant, plus écouté et plus soutenu que le mézair. Les hanches doivent rabattre et accompagner le devant d'une cadence égale, tride et basse, dans l'instant que les jambes de devant retombent à terre. Il y a donc cette différence entre le mézair et la courbette, que dans le premier, le cheval est moins détaché de terre du devant, et qu'il avance et diligente plus la cadence de son air que pour la courbette, dans laquelle il est plus relevé, plus soutenu du devant, et qu'il rabat les hanches avec plus de sujétion, en soutenant le devant plus longtemps en l'air. Il faut remarquer qu'au galop, au terre-à-terre et à la pirouette, le cheval porte ses jambes l'une devant l'autre, tant du devant que du derrière ; mais au mézair, aux courbettes et à tous les autres airs relevés, elles doivent être égales et n'avancer pas plus l'une que l'autre lorsqu'elles se posent à terre : ce qui serait un grand défaut, qu'on appelle *traîner les hanches*.

Outre la disposition naturelle qu'un cheval doit avoir pour bien aller à courbettes, il faut encore beaucoup d'art pour l'acheminer et le confirmer dans cet air, qui est de tous ceux qu'on appelle *relevés*, le plus à la mode et le plus en usage, parce que c'est un saut gracieux dans un manège, qui sans être rude, prouve la bonté des hanches d'un cheval, et fait paraître un cavalier dans une belle posture. Cet air était fort en usage autrefois parmi les officiers de cavalerie qui se piquaient d'avoir des chevaux dressés, soit à la tête de leur troupe, ou dans des jours de parade ; on leur voyait de temps à autre détacher quelques belles courbettes, qui servaient autant à animer un cheval, lorsqu'ils ralentissait la noblesse de son pas, qu'à le tenir dans son obéissance, et à lui donner ensuite un pas plus relevé, plus fier et plus léger.

Il ne faut point demander de courbettes à un cheval qu'il ne soit obéissant au terre-à-terre et au mézair ; car un bon terre-à-terre et un véritable mézair sont plus de la moitié du chemin pour arriver à la courbette, au cas qu'un cheval ait de la disposition pour aller à cet air. Ceux qui n'y sont pas propres, sont les chevaux paresseux, pesants, ou ceux qui retiennent leurs forces par malice ; et de même ceux qui sont impatients, inquiets et pleins de feu et de fougue, parce que tous les airs relevés augmentent la colère naturelle de ces sortes de chevaux, leur font perdre la mémoire et leur ôtent l'obéissance : il faut donc que celui qu'on destine à cet exercice, soit nerveux, léger et vigoureux; et avec cela, sage, docile et obéissant.

Quand, avec ces qualités, on verra dans les piliers que l'air favori d'un cheval est celui de la courbette, il faut, après lui avoir appris à bien détacher le devant par le moyen des pesades, lui animer ensuite les hanches avec la chambrière, pour faire rabattre la croupe et baisser le devant, afin qu'il prenne la juste cadence et la vraie posture de son air. Lorsqu'il y sera en quelque sorte réglé, et qu'il en fournira quatre ou cinq de suite sans désordre, et dans les règles, il faut commencer à lui en faire faire quelques-unes en liberté, sur la ligne du milieu du manège, et non le long de la muraille; car ceux que l'on accoutume à lever le long du mur, ne vont que de routine, et se dérangent quand on leur demande la même chose ailleurs. On ne doit pas demander dans les commencements plusieurs courbettes de suite; mais en faisant passager et piaffer un cheval sur la ligne droite, lorsqu'on le sent bien ensemble et dans un bon appui, on lui en dérobe deux ou trois bien détachées et bien écoutées : on continue ensuite quelques pas de passage, et on le finit par deux ou trois temps de piaffer ; parce qu'il arriverait que si on finissait le dernier temps par une courbette, le cheval se servirait de cet air pour se défendre.

Pour bien aider un cheval à courbettes, il faut que le temps de la main soit prompt et agile, afin de lever le devant ; les jambes du cavalier doivent suivre le temps des courbettes sans trop le chercher ; car un cheval prend naturellement son temps et sa cadence propre quand il commence à s'ajuster. On ne doit point surtout roidir les jarrets, parce qu'en l'aidant trop vivement, il se presserait trop : il faut, au contraire, être souple depuis les genoux jusqu'aux étriers, et avoir la pointe du pied un peu basse, ce qui lâche les nerfs : le seul mouvement du cheval lorsqu'on garde l'équilibre dans une posture droite et aisée, fait que les gras de jambes aident le cheval sans les approcher, à moins qu'il ne se retienne, auquel cas il faut se servir plus vigoureusement de ses aides et se relâcher ensuite.

Les courbettes doivent être ajustées bien au naturel du cheval ; celui qui a trop d'appui, doit les faire plus courtes et plus soutenues sur les hanches ; et celui qui se retient, doit les avancer davantage ; autrement les uns deviendraient pesants et forceraient la main, et les autres pourraient devenir rétifs. Pour remédier à ces défauts, on leur met souvent l'épaule en dedans au passage : cette leçon les entretiendra dans la liberté qu'ils doivent avoir pour obéir facilement à leur air.

Lorsqu'un cheval obéira librement et sans se traverser sur la ligne droite à courbettes, il faudra, pour le préparer à aller sur les voltes de son air, le promener sur le carré que nous avons donné pour règle des voltes de galop ; et lorsqu'on le sentira droit au passage et dans la balance des talons sur les quatre lignes du carré, il faut de temps à autre lui détacher quelque courbette, excepté dans les coins du carré, où on ne doit pas le lever, mais tourner les épaules librement sur l'autre ligne, sans que la croupe se dérange ; car si on voulait le lever en tournant, il s'endurcirait et s'acculerait. Lorsqu'il exécutera bien cette leçon sur ces quatre lignes, et qu'il sera assez avancé et assez en haleine pour fournir tout le carré à courbettes, on pourra commencer à lui apprendre à en faire les hanches dedans ; et pour cela, il faut le passager la croupe au mur, et, dans cette attitude, lui tirer une ou deux courbettes de deux pistes : elles ne se font point en l'aidant quand il est en l'air : mais dans l'instant qu'il retombe des pieds de devant à terre, on l'aide de la jambe de dehors, pour le porter un temps de côté, ensuite une courbette avec les deux gras de jambes, en le soutenant de la main, et ainsi de suite, un pas de côté suivi d'une courbette. Lorsqu'il ira bien la croupe au mur, il faudra le mettre sur le carré dans le milieu de la place, et en le tenant de deux pistes, l'accoutumer à lever de son air dans cette posture, en proportionnant la force de cette leçon à son obéissance et à sa disposition. On ne doit pas tenir autant les hanches dedans sur les voltes à courbettes, qu'au terre-à-terre et au mézair ; car si la croupe était trop assujettie, il ne pourrait pas rabattre les hanches avec assez de liberté ; c'est pourquoi il ne faut seulement tenir qu'un peu plus que la demi-hanche dedans. On ne doit pas non plus plier un cheval autant sur les voltes à courbettes qu'au galop et au terre-à-terre ; il doit regarder seulement d'un œil dans la volte ; et lorsqu'on fait des courbettes par le droit d'une piste, il ne faut pas qu'il soit du tout plié, mais droit de tête, d'épaules et de hanches.

Outre les courbettes sur les voltes, il s'en fait encore de deux autres manières, qui sont, la croix à courbettes et la sarabande à courbettes.

Pour accoutumer un cheval à faire la croix à courbettes, il faut le passager d'une piste sur la ligne droite d'environ quatre longueurs de cheval, le reculer après sur la même ligne, revenir ensuite jusqu'au milieu de la ligne droite, le porter après de côté sur le talon droit environ deux longueurs de cheval, ensuite de côté sur le talon gauche encore deux longueurs au delà du milieu de la ligne droite, on revient enfin de côté sur le talon droit finir au milieu de la ligne où on l'arrête et on le flatte. Lorsqu'il sait passager sur ces lignes sans se traverser, en avant, en arrière et de côté, sur l'un et l'autre talon, on lève une courbette au commencement, au milieu et à la fin de chaque ligne ; et si après plusieurs leçons il ne se défend point, on entreprend de lui faire fournir toute la croix à courbettes. Lorsqu'on le lève en reculant, il ne faut pas que le corps soit en arrière, mais droit, et même tant soit peu en avant, sans que cela paraisse, afin de donner plus de liberté à la croupe. C'est quand il retombe des pieds de devant à terre et non quand il est en l'air, qu'il faut l'aider en le tenant de la main, afin qu'il recule un pas sans lever ; on lève ensuite une courbette, et ainsi alternativement.

Dans la sarabande à courbettes, on fait deux courbettes en avant, autant en arrière, deux autres de côté sur un talon et sur l'autre, et ainsi de suite, en avant, de côté et en arrière indifféremment, sans observer de proportion de terrain comme dans la croix ; on lui en fait faire, tout d'une haleine, autant que sa disposition et ses forces lui permettent d'en fournir; mais un cavalier doit être bien maître de ses aides, et le cheval bien ajusté et bien nerveux, pour exécuter ces deux manèges de croix et de sarabande à courbettes avec la grâce et la liberté qu'il doit avoir; aussi ce manège s'est perdu de nos jours.

ARTICLE IV

De la croupade et de la balotade.

La croupade et la balotade sont deux airs qui ne diffèrent entre eux que dans la situation des jambes de derrière.

Dans la croupade, lorsque le cheval est en l'air des quatre jambes, il trousse et retire les jambes et

les pieds de derrière sous son ventre, sans faire voir ses fers : et dans la balotade, lorsqu'il est haut de son saut, il montre les pieds de derrière, comme s'il voulait ruer, sans pourtant détacher la ruade, comme il fait aux cabrioles.

Nous avons déjà dit que l'art ne suffit pas pour donner aux chevaux destinés aux airs relevés, ces différentes postures de jambes dans leurs sauts ; la nature, jointe à l'art et à la disposition naturelle, prescrit des règles qu'il faut suivre pour les ajuster et leur faire exécuter de bonne grâce ces différents manèges.

C'est toujours dans les piliers qu'il faut d'abord saisir l'air d'un cheval. Ceux qui veulent commencer par dresser un sauteur en liberté, sans être assoupli ni réglé au piaffer, et sans avoir étudié leur air dans les piliers, se trompent ; car tout sauteur, outre sa disposition naturelle à se détacher de terre, doit connaître parfaitement la main et les jambes, afin de pouvoir sauter légèrement et dans la main, quand le cavalier l'exige, et non par fantaisie et par routine.

Lorsqu'un cheval fera facilement et sans colère quelques croupades ou balotades dans les piliers, en suivant la volonté du cavalier, il faudra ensuite lui en demander quelques-unes en liberté, en suivant le même ordre qu'aux airs ci-dessus, surtout celui des courbettes. Il est seulement à remarquer que plus les airs sont détachés de terre, plus un cheval emploie de force pour les fournir ; et que le grand art est de conserver son courage et sa légèreté, en lui demandant peu de sauts, surtout dans les commencements. Et lorsqu'il a donné de bonne

volonté quelques temps de son air, il faut le flatter
et le descendre.

Lorsqu'il fournit un droit de croupades ou de
balotades en liberté, sans se traverser, il faut le préparer à lever de son air sur les quatre lignes qui
forment la volte, l'y passageant, et de temps à autre,
lui dérobant quelque temps; et si on le sent disposé
à bien obéir, il faudra profiter de sa bonne volonté,
en le détachant de terre sur les quatre lignes,
excepté, comme nous l'avons dit, dans les coins, où
on ne doit point le lever en tournant. Il faut encore
faire attention qu'aux airs de croupade, de balotade et de cabriole; il ne faut jamais aller de deux
pistes, mais seulement une demi-hanche dedans;
autrement le derrière étant trop assujetti, il ne
pourrait pas si facilement accompagner l'action des
épaules.

On doit prendre garde que, dans les quatre coins
de la volte, la croupe ne s'échappe, lorsqu'on tourne
le devant sur l'autre ligne; il faut la fixer et la soutenir avec la jambe de dehors.

Les aides pour les airs relevés, sont la cravache
devant, en touchant légèrement et de suite sur
l'épaule de dehors, et non brusquement et avec de
grands coups comme font quelques cavaliers, qui
assomment l'épaule d'un cheval. Pour toucher de
bonne grâce, il faut avoir le bras plié et le coude
levé à la hauteur de l'épaule. On se sert aussi,
comme nous l'avons expliqué, de la cravache sous
main et croisée sur la croupe, pour animer les hanches. L'aide du pincer délicat de l'éperon, est aussi
excellent dans les airs relevés, lorsqu'un cheval ne
se détache pas assez de terre; parce que cette aide,

qui ne laisse pas d'être vive, lève plus un cheval qu'elle ne le fait avancer.

Quoiqu'on ne doive pas aller de deux pistes lors-qu'on lève un cheval aux airs relevés, il faut pour-tant entretenir un cheval dans cette posture, tant au passage qu'au galop; parce que dans cette ac-tion les hanches étant plus serrées, plus basses et plus sujettes, cela lui rend le devant plus léger et le prépare mieux à sauter. On ne doit pas non plus tomber dans le défaut de ceux qui ne semblent dresser leurs chevaux que pour leur faire faire de grands efforts qui accablent leurs forces : ce n'est pas là l'intention de la bonne école; on doit au con-traire le maintenir dans la souplesse, dans l'obéis-sance et dans la justesse qu'on tire des vrais prin-cipes de l'art, autrement l'école serait toujours confuse, et l'égalité de mesure que doit avoir cha-que air relevé, serait interrompue; et c'est une perfection qu'il ne faut pas négliger.

ARTICLE V

Des cabrioles.

La cabriole est, comme nous l'avons dit en défi-nissant cet air, le plus élevé et le plus parfait de tous les sauts. Lorsque le cheval est en l'air, éga-lement élevé du devant et du derrière, il détache la ruade vivement; les jambes de derrière, dans ce moment, sont l'une près de l'autre, et il les allonge aussi loin qu'il lui est possible de les étendre; les pieds de derrière, dans cette action, se lèvent à la hauteur de la croupe, et souvent les jarrets cra-quent par la subite et violente extension de cette

partie. Le terme de cabriole est une expression italienne, que les écuyers napolitains ont donnée à
cet air, à cause de la ressemblance qu'il a avec le
saut du chevreuil, nommé en italien *caprio*.

Un cheval qu'on destine aux cabrioles, doit être
nerveux, léger et de bon appui; avoir la bouche
excellente, les jambes et les jarrets larges et nerveux, les pieds parfaitement bons, et propres à
soutenir cet air; car, si la nature ne l'a formé dispos et léger, c'est en vain qu'on le travaillera, il
n'aura jamais l'agrément ni l'agilité qui font un
bon sauteur.

Afin qu'une cabriole soit dans sa perfection, le
cheval doit lever le devant et le derrière d'égale
hauteur, c'est-à-dire qu'il faut qu'au haut de son
saut, la croupe et le garrot soient de niveau, la
tête droite et assurée, les bras également pliés, et
qu'à chaque saut le cheval n'avance pas plus d'un
pied de distance. Il y en a qui, en sautant à cabrioles, retombent des quatre pieds ensemble sur la
même place, et se relèvent de la même force et de
la même cadence, en continuant autant que leur
vigueur le leur permet : ce manège est très rare et
ne dure pas longtemps. Il s'appelle, *saut d'un temps*,
ou de *ferme à ferme*.

Pour dresser un cheval à cabrioles, lorsqu'on lui
trouve les qualités et la disposition que nous
venons d'expliquer, il faut, après l'avoir assoupli
l'épaule en dedans, et lui avoir donné la connaissance des talons au passage et au galop, le faire
ensuite lever à pesades dans les piliers, et qu'elles se
fassent lentement dans les commencements, et fort
hautes du devant, afin qu'il ait le temps d'ajuster

ses pieds et qu'il lève sans colère. Lorsqu'il sait se
lever facilement et haut du devant, en pliant bien
les bras, il faut lui apprendre à détacher la ruade,
par le moyen de la chambrière, et prendre le temps,
pour l'appliquer, que le devant soit en l'air et prêt
à retomber; car si on lui en donnait dans le temps
qu'il s'élève, il ferait une pointe et se raidirait sur
les jarrets. Quand il saura détacher vigoureusement la ruade, le devant en l'air, ce qui forme la
cabriole, il faut peu à peu diminuer le nombre des
pesades et augmenter celui des cabrioles, et cesser
de le faire sauter, lorsqu'on s'aperçoit qu'il commence à se lasser, car son courage étant abattu,
ses forces seraient désunies, et ses sauts ne seraient
plus que des contre-temps et des défenses.

Lorsqu'il sera obéissant à ce manège dans les piliers, on le passagera en liberté, et on lui dérobera
quelques temps de son air sur la ligne droite, en
l'aidant de la cravache sur l'épaule, lorsque le devant commence à s'abaisser, et non quand il se lève,
ce qui l'empêcherait d'accompagner de la croupe.
Quand on se sert du poinçon, il faut observer la
même chose, c'est-à-dire, l'appuyer sur le milieu
de la croupe, lorsque le cheval est prêt à retomber du
devant, par la même raison à l'égard des jambes
du cavalier, elle ne doivent point être raides ni trop
tendues, mais aisées et près du cheval. Lorsque le
cheval se retient, il faut se servir des gras de jambes : cette aide donne beaucoup de liberté à la
croupe ; et quelquefois aussi le pincer un peu de l'é-
peron, lorsqu'il se retient davantage. On doit aussi,
au haut de chaque saut, tenir un instant le cheval

de la main, comme s'il était suspendu, et c'est ce qu'on appelle, *soutenir*.

L'air des cabrioles sur les voltes, c'est-à-dire, sur le carré que nous avons proposé pour règle des autres airs, forme le plus beau et le plus difficile de tous les manèges, par la grande difficulté qu'il y a d'observer la proportion de terrain, d'entretenir le cheval dans une cadence égale sans qu'il se dérobe ni du devant ni du derrière, ce qui arrive le plus ordinairement. Comme le mouvement de la cabriole est plus étendu et plus pénible que celui de tout autre air, il faut que l'espace du terrain soit plus large et moins limité, afin de donner plus de vigueur et de légèreté aux sauts. Il ne faut mettre qu'une demi-hanche dans la volte, comme nous l'avons dit; ce qui rend ce manège plus juste et plus parfait, et l'assiette du cavalier plus ferme et plus belle. On ne doit pas suivre du corps les temps de chaque saut, mais se tenir de façon qu'il paraisse que les mouvements que l'on fait soient autant pour embellir sa posture, que pour aider le cheval.

FIN

Sceaux. — Imp. Charaire et fils.

www.ingramcontent.com/pod-product-compliance
Lightning Source LLC
Chambersburg PA
CBHW052103090426

42739CB00010B/2289